Scriptor Praxis

HEIKE BEARDSLEY, ULRIKE VÖGL

Praxisbuch zum eigenverantwortlichen Lernen mit digitalen Medien

mit Unterrichtsbeispielen, Vorlagen und Bewertungsrastern

Cornelsen

Die Autorinnen
Heike Beardsley unterrichtet Englisch und Pädagogik an einer berufsbildenden Schule. 2016 entwickelte sie das Unterrichtskonzept HeLP. Als ausgebildete Schulberaterin richtete sie von 2018–2020 Fortbildungen im Bereich der Lehr- und Lernkultur für das Pädagogische Landesinstitut Rheinland-Pfalz aus.
Ulrike Vögl unterrichtet Geschichte und Englisch am Gymnasium. Seit vielen Jahren ist sie aktives Mitglied in der Schulentwicklungsgruppe und im Schulforum. In ihrer Tätigkeit als Fachschaftsleiterin Geschichte legt sie u.a. den Fokus auf die Weiterentwicklung der Lehr- und Lernkultur.

Projektleitung: Jeffrey Mason, Berlin
Lektorat: Katia Simon, Essen
Umschlagkonzept/-gestaltung: Jule Kienecker, Berlin
Umschlagabbildung: Shutterstock.com/Jacob Lund
Layoutkonzept: fotosatz griesheim GmbH
Technische Umsetzung: Reemers Publishing Services GmbH, Krefeld

HINWEIS WEBCODES
Wird in diesem Buch auf Webcodes verwiesen, können Sie Zusatzmaterialien aus dem Internet herunterladen:

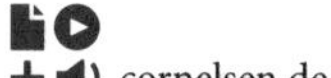 cornelsen.de/codes

www.cornelsen.de

1. Auflage 2023

Druck: H. Heenemann, Berlin

ISBN 978-3-589-16933-7

Inhaltsverzeichnis

Vorwort von Heike Beardsley

Liebe Kolleginnen, liebe Kollegen,

der "Helfer zur eigentätigen Lern-Planung" (kurz HeLP) ist 2016 entstanden als Reaktion auf einen dreiseitigen Blick auf die Unterrichtssituation: Die frustrierte Perspektive der ehemaligen Schülerin, die in ihrer eigenen Schulkarriere vorrangig Frontalunterricht erlebt hat und sich mehr oder weniger durch endlose „Predigten" plagte, nur um für die Klassenarbeit etwas auswendig zu lernen, was sie im Anschluss direkt wieder vergaß. Der besorgte Blick der Mutter zweier schulpflichtiger Kinder, die sich oftmals durch Stoff quälen mussten, ohne dass sich ihnen dessen Sinn erschloss und auf deren Individualität beim Lernen meist keinerlei Rücksicht genommen wurde. Der selbstkritische Blick als Lehrerin, die dreißig Lernende vor sich hatte und damit kämpfte, es besser zu machen. – Nur wie?

Ich besann mich zunächst auf die Grundlagen. Wie lernt der Mensch eigentlich? Welche Erkenntnisse und praktischen Ansätze gibt es dazu bereits? Meine besondere Biographie, die mich über ein abgeschlossenes Studium der Erziehungswissenschaften schließlich zum Lehramt führte, half mir hierbei. Schritt für Schritt arbeitete ich mich voran, bis die erste Idee zu HeLP entstand. In meiner Schule, der BBS II Wirtschaft und Soziales in Kaiserslautern, stieß ich dankenswerterweise auf offene Ohren und die ersten HeLP-Kurse, zwei parallel unterrichtete Pädagogik-Leistungskurse der 12. Jahrgangsstufe, entstanden. Kontinuierliche Evaluationen nach jeder Einheit halfen mir, das Konzept zu verfeinern und auszureifen.

Durch schulinterne Fortbildungen fanden sich bald erste Kolleginnen und Kollegen aus anderen Fachbereichen, die sich zunächst informierten und dann HeLP für ihren Unterricht übernahmen und an der Weiterentwicklung mitarbeiteten.

Dann erreichte mich eine Anfrage von meiner Zwillingsschwester Ulrike Vögl, die das Konzept gerne an ihrer Schule, dem Gymnasium Königsbrunn in Bayern, ausprobieren wollte. Eine Fortbildung dort später und es erwies sich, dass HeLP auch im Sekundarstufen-Unterricht erfolgreich einsetzbar ist. Somit zeigte sich eine fächer- und schulformübergreifende, ja sogar eine bundeslandübergreifende Einsatzfähigkeit des HeLP-Konzepts.

In den Folgejahren 2020 und 2021 wurde HeLP auf einen besonderen Prüfstand gestellt: Die Corona-Pandemie führte zu Schulschließungen. Würde sich das HeLP-Konzept beweisen? Waren die Lernenden in der Lage, selbstverantwortlich und selbstgesteuert zu arbeiten und digitale Medien sinnvoll zu nutzen? Die Antwort auf diese Fragen ist ein klares und deutliches „Ja". Die HeLP-Klassen und -Kurse hatten durchweg rückgemeldet, dass sie keine bis kaum Probleme im „Homeschooling" hatten. Nicht nur das, sie konnten auch in den anderen Fächern davon profitieren. Die Verbindung von selbstgesteuertem Lernen mit digitalen Medien hatte sie befähigt, diese Hürden mit Bravour zu meistern.

Das HeLP-Konzept, so wie es in diesem Buch präsentiert wird, ist über die Jahre stetig gewachsen. Jährlich stattfindende Evaluationen halfen, den Aufbau so zu verfeinern, dass er fach- und schulformübergreifend genutzt werden kann. Zusätzlich wurden Bewertungsraster und ein umfassendes Handlungskompetenzraster entwickelt, um die Arbeit transparenter zu machen und natürlich auch zu erleichtern. Aber auch die Rahmenbedingungen an meiner Schule haben sich im Laufe der Jahre verändert, um das Konzept und somit das Lernen der Schülerinnen und Schüler bestmöglich zu unterstützen. So wurde aus einem Konzept, das zunächst in einem ganz normalen Klassenraum stattfand (und im Übrigen immer noch stattfinden kann) etwas Größeres. An der BBS II Wirtschaft und Soziales in Kaiserslautern wird in den HeLP-Kursen und -Klassen, wo möglich, kursübergreifend gearbeitet. Es wurden Zusatzräume geschaffen und für das kommende Schuljahr ist in Planung, alle HeLP-Klassen und -Kurse auf einen Gebäudeteil rund um eine gemeinsam nutzbare Bibliothek/Mediathek zu konzentrieren, in der kurs- und sogar schulformübergreifend recherchiert und gearbeitet werden kann. Ziel ist u.a. den Zusammenhalt und die Zusammenarbeit sowohl der Lernenden als auch den der Lehrkräfte untereinander zu fördern und somit zu einer starken Schulgemeinschaft beizutragen. Für die Lehrenden hat dies auch den großen Vorteil, dass Synergieeffekte leichter entdeckt und umgesetzt werden können. So gibt es beispielsweise in vielen Ausbildungsberufen in der Berufsschule gleiche oder ähnliche Inhalte, die sich mit Verträgen, Rechten und Pflichten von Arbeitnehmerinnen und -nehmern o.ä. beschäftigen, die man voneinander übernehmen oder gemeinsam gestalten kann. Dies wiederum würde das Kollegium entlasten. Ich bin sehr gespannt, ob und wie sich dieser nächste Schritt umsetzen lässt und freue mich auf das kommende Schuljahr.

Zum Aufbau des Buches

Zunächst präsentieren meine Schwester Ulrike und ich Ihnen in Kapitel 1.1 die Entstehungsgeschichte des HeLP-Konzepts und stellen Bezüge zu bundesland- und schulformübergreifenden Lehrplänen her, um aufzuzeigen, dass die geforderten Kompetenzen in vielen Teilbereichen und Fächern ähnlich sind, egal ob jemand in Bayern, Rheinland-Pfalz oder einem anderen Bundesland unterrichtet. Anschließend stelle ich Ihnen das Konzept in der Theorie vor, um dann, nach einem Blick auf die Besonderheiten des Konzepts, auf die Praxis einzugehen und Ihnen nach der Darstellung der Einführung des Konzepts bei den Lernenden anhand ganz konkreter Unterrichtsbeispiele HeLP näherzubringen. In diesem Teil haben wir in Sekundarstufe (Kap. 6, Ulrike Vögl) und Oberstufe/Berufsschule/Fachschule etc. (Kap. 7, Heike Beardsley) unterschieden, um den jeweiligen Besonderheiten gerecht zu werden. Kolleginnen und Kollegen unserer beiden Schulen haben Beispiele aus ihren jeweiligen Fächern und Schulformen beigesteuert, sodass Sie ein möglichst breit gefächertes Bild erhalten und Ideen für Ihren eigenen Unterricht daraus ableiten können. Anschließend zeige ich Ihnen die vielfältigen Möglichkeiten zur Notenerstellung bei der Arbeit mit HeLP auf. Hierbei nehme ich immer wieder Bezug auf meine Erfahrung in der unterrichtlichen Praxis.

Selbstverständlich erhalten Sie auch sämtliche notwendigen Ressourcen und Vorlagen von uns, um das Prinzip der HeLP-Pläne selbst ausprobieren zu können. Sie können diese Zusatzmaterialien jeweils als Webcode herunterladen. Sie finden die Hinweise zum Download an den entsprechenden Stellen sowie in einer Komplettübersicht am Ende des Buchs.

Danksagung

Ohne den Input und das unermüdliche Engagement meiner Kolleginnen und Kollegen an der BBS II Wirtschaft und Soziales in Kaiserslautern wäre das HeLP-Konzept nicht in seiner jetzigen Form entstanden. Sie haben maßgeblich zur Weiterentwicklung beigetragen. Besonders erwähnen möchte ich Dr. Markus Greiner und Moritz Treiber, die HeLP in ihren Leistungskursen Gesundheit im beruflichen Gymnasium nutzen und deren Gedanken dazu für das hier präsentierte Konzept sehr wertvoll waren und immer noch sind. Auch möchte ich Jasmin Stumpf und Vanessa Musel danken, die HeLP in Ethik bzw. BWL einsetzen. Jasmin, dein Input v.a. beim Handlungskompetenzraster war sehr hilfreich und ich freue mich, weiter mit dir an HeLP und Co. arbeiten zu können. Meiner ehemaligen Co-Kursleitung der ersten HeLP-Kurse im Fach Pädagogik und stellvertretenden Schulleitung, Petra Holighaus, möchte ich für ihre Bereitschaft, sich auf Neues einzulassen und ihre kreativen Ideen, ebenfalls herzlich danken. Ich bedanke mich bei allen Kolleginnen und Kollegen, die HeLP nutzen und deren Rückmeldungen für die Weiterentwicklung des Konzepts unabdingbar waren und weiterhin sind. Ein herzliches *Vergelt's Gott* auch für das Beisteuern von Beispiel-HeLP-Plänen, die dieses Buch abrunden.

Ich möchte auch die Medienpädagogin unserer Schule, Constanze Reder-Knerr, erwähnen, die uns Lehrende immer tatkräftig und mit Feuereifer unterstützt und den Lernenden ein wichtiger Anker bei der Entwicklung neuer Lern- und Handlungsprodukte ist. Vielen Dank für dein immer kritisches Auge und deine vielen hilfreichen Tipps, liebe Conni!

Last but not least gebührt mein aufrichtiger Dank auch meinem (ehemaligen und jetzigen) Schulleitungsteam sowie der erweiterten Schulleitung, die mich von Tag 1 an in der Entwicklung und Implementierung des Konzepts unterstützt und die Rahmenbedingungen dafür möglich gemacht haben. Ohne Ihren Weitblick und Ihre Hilfe wäre die Weiterentwicklung der Lehr- und Lernkultur an unserer Schule in dieser Form nicht möglich gewesen. Tausend Dank hierfür!

Ich hoffe sehr, Sie ein wenig neugierig gemacht zu haben und Sie hoffentlich bald zum Kreis der HeLP-Kolleg/-innen zählen zu dürfen. Meine Schwester Uli und ich würden uns sehr über eine Nachricht von Ihnen über Ihre Erfahrungen mit HeLP freuen. Sie erreichen uns über die gängigen Social-Media-Plattformen und die Kontaktdaten auf meiner Webseite heikebeardsley.com.

Vielen Dank.

Kaiserslautern, im Mai 2023
Heike Beardsley

Vorwort von Ulrike Vögl

Liebe Kolleginnen, liebe Kollegen,

auch von meiner Seite aus Bayern herzlich willkommen.

Lassen Sie es mich kurz machen: HeLP hilft! Als mir meine Schwester ihr Konzept zum ersten Mal vorstellte, war ich skeptisch. Vermutlich ebenso skeptisch, wie Sie es nun sind. Schon wieder etwas Neues! Das macht doch nur Arbeit! Ich mache lieber so weiter wie bisher, das hat sich schließlich schon bewährt!

All diese Gedanken kenne ich nur zu gut. Seit ich 2005 angefangen habe zu unterrichten, lernte ich in zahllosen Fortbildungen unterschiedlichste Konzepte des Unterrichtens kennen. Natürlich probiert man mal das ein oder andere aus, aber die Erfahrung war oft, dass es eben doch mehr Arbeit bedeutet, sich in etwas Neues einzuarbeiten und dann war da natürlich noch die berechtigte Frage nach dem Mehrwert! Wenn man einen spürbar erkennbaren Mehrwert erlebt, ist einem das die Arbeit schon eher wert, richtig? Doch oft war das nicht der Fall. Man stellte nach relativ kurzer Zeit fest, dass man mit dem neuen Konzept nicht mehr erreichte als vorher auch schon, nur dass man viel mehr Arbeit damit hatte. Doch diese Zeit haben wir nicht mehr! Der Lehrberuf hat sich in den letzten Jahren doch stark verändert: Digitalisierung, Homeschooling, viele zusätzliche Sitzungen, Fortbildungen, Konferenzen … Ich könnte beliebig weiter aufzählen, aber Sie wissen selbst, dass die Herausforderungen in unserer Berufswelt nicht weniger geworden sind, sondern uns im Gegenteil immer wieder an unsere Grenzen bringen.

Nach längerem Zögern habe ich mich auf den Weg gemacht, das HeLP-Konzept auch einmal auszuprobieren. Meine Schwester hatte bereits vielfältige Erfahrungen im Bereich der Oberstufe gesammelt, da sie an einer Berufsbildenden Schule (mit beruflichem Gymnasium, Berufsschule, BOS und diversen Fachschulen) tätig ist. Sie war jedoch überzeugt davon, dass ihr Konzept auch in der Unter- und Mittelstufe mit weit jüngeren Schülerinnen und Schülern funktionieren würde, was es für mich herauszufinden galt.

Die Unterrichtsvorbereitung dauerte zunächst etwas länger, da die Erstellung eines HeLP-Plans ungewohnt für mich war. Doch schon nach den ersten Stunden war ich von dem Konzept überzeugt! Ich hatte während der Stunden auf einmal Zeit! Zeit für meine Schülerinnen und Schüler, konnte individuelle Gespräche mit ihnen führen, zu denen man in der Alltagshektik normalerweise nie kommt und das Wichtigste für mich: Ich hatte zum ersten Mal das Gefühl, dass wirklich alle Kinder etwas davon haben! Diejenigen, die immer etwas länger brauchen, um zu einem Ergebnis zu kommen, hatten genau diese Zeit, während die Schnellen, die am Ende einer Gruppenarbeitsphase sonst immer gelangweilt Däumchen gedreht hatten, sich nun Herausforderungen gegenübersahen, die sie mit intrinsischer Motivation angehen konnten. Es können nicht alle die gleichen Aufgaben im gleichen Tempo erledigen! Das ist ein Märchen, mit dem wir aufräumen müssen! Dazu sind die jungen Menschen, die wir unterrichten, viel zu heterogen. Sie kommen aus Familien mit unterschiedlichsten Bildungs- und Migrationshintergründen und verfügen über individuelle Stärken und Schwächen. Genau hier setzt HeLP an! Nicht jede/-r muss auf dem gleichen Weg arbeiten, um ans Ziel zu kommen. Während das eine Kind gern mit einer MindMap arbeitet, erstellt das andere vielleicht lieber ein Lernvideo oder einen Podcast, während wiederum das nächste Kind sich mit herkömmlichen PowerPoint-Präsentationen am wohlsten fühlt, bevor es sich an etwas Neues wagt. Der Sprachbegabte schreibt möglicherweise einen Zeitungsartikel über seine Ergebnisse oder einen Brief, in die er seine Erkenntnisse packt.

So viele unterschiedliche Möglichkeiten bei ein und derselben Aufgabe? Ja, so funktioniert HeLP! Die Ergebnisse, die bei dieser Arbeitsform herauskommen, überzeugen! Und das Beste: Die Schülerinnen und Schüler lernen viel nachhaltiger, weil sie sich das Wissen selbst aneignen und nicht nur von uns Vorgekautes an sich vorbeirieseln lassen!

Ich werde Sie nicht belügen und behaupten, dass alle Schülerinnen und Schüler auf einmal mit begeistertem Gesicht vor Ihnen sitzen und sich freuen, endlich mal selbst tätig werden zu dürfen! Das Gegenteil ist anfangs der Fall! *Selbst arbeiten ist doch viel anstrengender! Können Sie das nicht für uns erledigen? Sie wissen das doch alles schon!*

Wir haben unseren Schülerinnen und Schülern abgewöhnt, Sachverhalte selbst zu erarbeiten. Kreativität? Fehlanzeige! Gehört die nicht in den Kunstunterricht? Wir erklären lieber alles selbst und prüfen das Gelehrte anschließend ab, wobei wir uns wundern, wie wenig von dem von uns Gesagten hängengeblieben ist …

HeLP ist anders. Sie werden keine Probleme mehr haben, auf die geforderte Zahl von Leistungsnachweisen zu kommen, da diese in die Pläne integriert sind. Nicht nur das, Ihre Schülerinnen und Schüler werden freiwillig Leistungsnachweise ablegen wollen, da sie auf ihre Arbeit stolz sind und das Erarbeitete präsentieren wollen! Diese Möglichkeit finde ich großartig! Warum immer zum Lernen zwingen, wenn es doch auch anders geht? Mein Ziel ist es doch, dass der Unterrichtsstoff bei den Schülerinnen und Schülern ankommt! Und das tut er! Das tut er wirklich!

An dieser Stelle möchte ich den Menschen Danke sagen, ohne die es nicht gehen würde, mutig zu sein und Neues auszuprobieren. Zuallererst möchte ich mich herzlich bei meinem Schulleiter Herrn OStD Volker Täufer bedanken. Er stand dem Konzept von Anfang an sehr offen gegenüber und ermöglichte es mir so, von gewohnten Wegen abzuweichen. Vielen Dank dafür! Das ist wirklich nicht selbstverständlich!

Meiner Kollegin Katrin Denk möchte ich ebenfalls ganz herzlich danken, da sie sich bereitwillig in die HeLP-Thematik hineingefuchst hat und für mich einen Unterrichtsversuch in der Physik ausprobiert hat, den Sie in Kapitel 6 finden.

Außerdem gilt mein Dank Herrn Dr. Wisniewski und seinem Team von FeedbackSchule, die mir großzügig gestattet haben, Auszüge aus ihrem Programm für dieses Buch zu verwenden. Ich bin immer noch mehr als überzeugt von Ihrem Feedback-Programm und freue mich sehr, dass wir davon an unserer Schule profitieren dürfen!

Seien Sie neugierig und lassen Sie sich vom HeLP-Konzept genauso begeistern, wie ich es bin! Ich kann Ihnen von ganzem Herzen versichern: Es lohnt sich! Vergessen wir mal die alt eingefahrenen Strukturen und begehen gemeinsam Neuland zum Wohle unserer Schülerinnen und Schüler!

Herzliche Grüße

Augsburg, im Mai 2023
Ulrike Vögl

Einführung

1

1.1 Warum eine neue didaktische Methode?

Die Klassen und Kurse werden größer, die Heterogenität der Schüler/-innen diverser, der Auftrag der Gesellschaft an Schule, gut gebildete und mit den stetig wandelnden Bedingungen der modernen Gesellschaft zurechtkommende Arbeitskräfte zu erhalten, wird dringlicher. Hinzu kommt die fortschreitende Digitalisierung, die ganz eigene Anforderungen an Schule stellt. Die Corona-Pandemie hatte uns diese Problemfelder noch einmal deutlich vor Augen geführt.

Wie gehen wir als Lehrende mit dieser Entwicklung um? Wie werden wir diesen Forderungen gerecht?

Zunächst lohnt es sich einen Blick auf die Basics zu werfen: Was soll Schule grundsätzlich überhaupt machen? Welchen Auftrag hat uns der Staat als Lehrende tatsächlich erteilt?

Unser Auftrag in § 1 des Schulgesetzes des Landes Rheinland-Pfalz (Ministerium für Bildung Rheinland-Pfalz, S. 8) lautet:

> *„Der Auftrag der Schule bestimmt sich aus dem Recht des jungen Menschen auf Förderung seiner Anlagen und Erweiterung seiner Fähigkeiten […] sowie aus dem Anspruch von Staat und Gesellschaft an Bürgerinnen und Bürger zur Wahrnehmung von Rechten und Übernahme von Pflichten hinreichend vorbereitet zu sein."*

§ 1, der sich in ähnlicher Form in allen Bundesländern findet, formuliert somit deutliche Aufgaben von Schule: Zunächst die Aufgabe der ***Qualifizierung*** (vgl. Lange, 2003, S. 138), sprich die heranwachsende Generation zur Übernahme von gesellschaftlichen Aufgabenbereichen entsprechend vorzubereiten. Des Weiteren die Aufgabe der ***Integration und Sozialisation*** (vgl. ebd., S. 138), die eine Eingliederung der jungen Leute in den gesellschaftlichen, kulturellen, politischen und ethischen Kontext der Gesellschaft fordert. Aber auch die ***Personalisationsfunktion*** (vgl. ebd., S. 138) von Schule wird gefordert, was die Unterstützung der Heranwachsenden bei der Heranbildung einer eigenständigen Persönlichkeit inklusive der Ausbildung individueller Lernwege meint.

Wenn man dies in einfachen Worten ausdrückt, so könnte der Auftrag auch lauten: Schule muss den Schüler/-innen Wissen vermitteln, sie zur Partizipation und aktiven Mitgestaltung der Gesellschaft befähigen, sowie die Individualität des Schülers bzw. der Schülerin berücksichtigen und fördern.

Diesem Auftrag gerecht zu werden, stellt unsere Lehr- und Lernkultur heutzutage vor besondere Herausforderungen. Klassenstärken von um die 30 Schülerinnen und Schüler, eine große Heterogenität, verbunden mit einer ausgeprägten Anspruchshaltung von Seiten der Eltern und Gesellschaft an die digitale Kompetenz der Unterrichtenden verlangt von allen Beteiligten ein Umdenken. Der Frontalunterricht von gestern ist überholt, neue Unterrichtsformen und -methoden müssen entwickelt werden, um all den Anforderungen und Herausforderungen gerecht zu werden. Dies betrifft alle Bundesländer gleichermaßen, was diese erkannt und somit in ihren Lehrplänen verankert haben. Auch die Kultusministerkonferenz hat in ihren Bildungsstandards darauf Bezug genommen. Im Folgenden möchten wir Ihnen einen bundeslandübergreifenden Blick diesbezüglich geben.

So heißt es im Lehrplan Plus in Bayern, *„der gymnasiale Bildungsweg zielt in besonderem Maß auf Abstraktionsvermögen, sowie die Fähigkeit, auf unterschiedlichen Ebenen Modelle und Theorien zu verstehen, zu übertragen und zu entwickeln*" (ISB, Lehrplan Plus, Profil und Anspruch gymnasialer Bildung, S. 3).

Des Weiteren wird gefordert, dass die Schülerinnen und Schüler Kompetenzen entwickeln, die folgende Aspekte umfassen: *„die Fähigkeit, komplexe Phänomene sachgerecht zu beschreiben und in übergreifende Zusammenhänge einzuordnen, die Reflexion der behandelten Inhalte und angewandten Methoden, das Erschließen relevanter Frage- und Problemstellungen sowie das Wissen um die Aufgaben und die Grenzen der jeweiligen Fachgebiete*" (Lehrplan Plus Bayern, 3).

Die Bildungsstandards der KMK, die *„für Transparenz schulischer Anforderungen […] sorgen, die Entwicklung eines kompetenzorientierten Unterrichts […] fördern …*" (exemplarisch Kultusministerkonferenz, 2012, S. 5) formulieren in ihren einführenden Bemerkungen in allen Fächern eine allgemeine Forderung an Unterricht:

> *„Der Unterricht in der gymnasialen Oberstufe ist fachbezogen, fachübergreifend und fächerverbindend angelegt. Er führt exemplarisch in wissenschaftliche Fragestellungen, Kategorien und Methoden ein und vermittelt eine Erziehung, die zur Persönlichkeitsent-*

wicklung und -stärkung, zur Gestaltung des eigenen Lebens in sozialer Verantwortung sowie zur Mitwirkung in der demokratischen Gesellschaft befähigt. Im Unterricht in der gymnasialen Oberstufe geht es darüber hinaus um die Beherrschung eines fachlichen Grundlagenwissens als Voraussetzung für das Erschließen von Zusammenhängen zwischen Wissensbereichen, von Arbeitsweisen zur systematischen Beschaffung, Strukturierung und Nutzung von Informationen und Materialien, um Lernstrategien, die Selbständigkeit und Eigenverantwortlichkeit sowie Team- und Kommunikationsfähigkeit unterstützen." (Kultusministerkonferenz, 2012, S. 5)

Der Kompetenzerwerb der Schüler/-innen steht im Mittelpunkt. Auch im Lehrplan Plus aus Bayern gelten Lernende, die in der Lage sind, neuartige Aufgaben- und Problemstellungen zu lösen, als kompetent. Dabei fordert der Lehrplan Folgendes:

> *„Kompetenzorientierter Unterricht bietet die Möglichkeit, Wissen, Fähigkeiten und Fertigkeiten selbständig und nachhaltig aufzubauen, zu reflektieren und in verschiedenen Situationen verantwortungsvoll einzusetzen: Problemstellungen auf der Basis konkreter, auch anspruchsvoller Inhalte fordern von den Schülerinnen und Schülern Flexibilität, die Fähigkeit zu Analyse und Abstraktion sowie den Umgang mit Komplexität. Kompetente Schülerinnen und Schüler sind in der Lage, ihr Vorgehen kritisch zu hinterfragen und zu bewerten. Sie erhalten und nutzen immer wieder Möglichkeiten, die Effizienz ihres Lernverhaltens zu überprüfen.*" (Lehrplan Plus Bayern, 3.2 (2) Kompetenzorientierung)

Folgende Kompetenzen sollen die bayerischen Schüler/-innen somit u. a. erwerben: Selbstkompetenz, Sozialkompetenz und Methodenkompetenz. Zur Selbstkompetenz gehören hierbei vor allem die Leistungsbereitschaft, eine gewisse Ausdauer, die Konzentrationsfähigkeit und die Selbstbeherrschung der Lernenden.

Die Methodenkompetenz involviert z. B. den Prozess der Informationsbeschaffung, unterschiedliche Präsentationstechniken und verschiedene

Lernstrategien. Im Mittelpunkt all dessen steht die Nachhaltigkeit des Gelernten. Nur durch nachhaltiges Lernen ist der Lernprozess erfolgreich und unterstützt damit wesentlich die Persönlichkeitsentwicklung der Schüler/-innen (vgl. Lehrplan Plus Bayern, 3.2 (3) Kompetenzorientierung).

Als Beispiel aus dem Land Rheinland-Pfalz fordert der Lehrplan für das berufliche Gymnasium im Fach Pädagogik:

> *„Die Schülerinnen und Schüler sollen zu einer umfassenden Handlungskompetenz geführt werden, um sie sowohl auf ein späteres Hochschulstudium als auch auf andere Formen der beruflichen Bildung vorzubereiten. Anspruch des beruflichen Gymnasiums ist somit die Förderung fachlich-methodischer, individueller und sozialer Handlungs- und Gestaltungskompetenzen, die zur Aufnahme einer Berufsausbildung, einer beruflichen Tätigkeit oder eines Studiums sowie zu wertorientiertem, individuellem Verhalten und zur verantwortlichen Mitgestaltung des öffentlichen Lebens befähigen."* (Ministerium für Bildung Rheinland-Pfalz, 2012, S. 1)

Egal welchen Lehrplan Sie sichten, die Kompetenzorientierung steht überall im Fokus.

All die oben genannten Punkte wirken sich selbstverständlich auf die Unterrichtsplanung aus. Der Lehrplan Plus fordert hierbei „methodisch sinnvolle Lernsituationen", die der „Komplexität der Lerngegenstände angemessen gestaltet" sind (Lehrplan Plus Bayern, 3.3 (1) Unterrichtsgestaltung).

Hierbei kommt der Eigenständigkeit der Schüler/-innen eine zentrale Rolle zu, da nur dadurch der Heterogenität der Lerngruppe angemessen begegnet wird. Im Lehrplan Plus heißt es:

> *„Hierbei spielen auch digitale und interaktive Medien eine bedeutsame Rolle: Als selbstverständlicher Bestandteil schulischen Lernens sind sie ein zeitgemäßes Mittel für eine ebenso attraktive wie differenzierende Begleitung von Lernprozessen."* (Lehrplan Plus Bayern, 3.3 (1) Unterrichtsgestaltung)

Die Lernenden sollen die Gelegenheit erhalten, eigene Hypothesen sowie differenzierte Lern- und Lösungswege zu entwickeln. Eine wichtige Rolle hierbei spielen die intrinsische Motivation der Schüler/-innen, sowie deren

Ausdauer und Leistungsbereitschaft (vgl. Lehrplan Plus Bayern, 3.3 (2) Unterrichtsgestaltung). Es wird explizit gefordert, die Schüler/-innen in die Unterrichtsgestaltung einzubeziehen, auf die unterschiedlichen Lernvoraussetzungen Rücksicht zu nehmen und durch Methodenwechsel für ein Plus an Motivation zu sorgen. Die Vorzüge kooperativen Arbeitens werden hierbei ausdrücklich erwähnt. Den digitalen Medien, auf denen spätestens seit dem flächendeckenden sogenannten Homeschooling der Fokus liegt, kommt hierbei eine wichtige Bedeutung zu, da sie besonders dafür geeignet sind, zu differenzieren und individuell zu fördern (vgl. Lehrplan Plus Bayern, 3.3 (3) Unterrichtsgestaltung).

Der „Orientierungsrahmen Schulqualität" aus Rheinland-Pfalz formuliert, unter Rückgriff auf Ergebnisse der Bildungsforschung, u. a. folgende Kernaufgaben für Lehrer/-innen:

> *„Lehrerinnen und Lehrer planen den Unterricht im Hinblick auf eine längerfristige Kompetenzentwicklung unter Bezug auf Erfahrungen und Vorwissen, binden alltags- und berufsrelevante Themen und Problemstellungen in das Unterrichtsgeschehen ein, setzen digitale Medien entsprechend den fachspezifischen Nutzungsmöglichkeiten ein, fördern den Erwerb überfachlicher Kompetenzen in allen Fächern und ermöglichen den Erwerb vielfältiger methodischer Kompetenzen."* (Ministerium für Bildung Rheinland-Pfalz, 2017, S. 8)

Weiter wird gefordert, dass sie

> *„Schülerinnen und Schülern Lernanlässe [bieten], die herausfordern und kognitiv aktivierend gestaltet sind" und sie „befähigen […] zur selbständigen Bearbeitung von Aufgaben", sowie „die Arbeit in Teams [ermöglichen], auch unter Einbeziehung digitaler Medien."* (Ministerium für Bildung Rheinland-Pfalz, 2017, S. 7)

Abschließend darf nicht vergessen werden zu erwähnen, dass die Schüler/-innen dazu angeregt werden sollen, *„zu einer realistischen Einschätzung ihrer Stärken und Schwächen"* zu kommen (Lehrplan Plus Bayern, 3.3 (4) Unterrichtsgestaltung).

Diese Forderungen, die sich schulform- und bundeslandunabhängig in den meisten Lehrplänen finden, geben uns Lehrkräften allerdings wenig

Anhaltspunkte, wie man diese in der Praxis umsetzen kann. Viele Lehrende fragen sich zu Recht, wie dieser Forderung nach einem Unterricht, in dem durch individualisierte Zugänge Wissen an Lernende vermittelt wird und diese gleichzeitig zu Partizipation und Teamwork befähigt werden, in der Praxis und unter als schwierig empfundenen Bedingungen umgesetzt werden soll. Diese Frage beschäftigt seit vielen Jahren die gesamte Schullandschaft. Egal ob Grundschule, Realschule (Plus), Gymnasium oder Berufsbildende Schule, egal ob in Rheinland-Pfalz oder Bayern, die Herausforderungen sind überall gleich.

Manche Schulen reagieren mit zum Teil blindem Aktionismus. Teure Studientage, die das Kollegium über bahnbrechend neue Methoden des Lehrens unterrichten, werden abgehalten, nur um sich anschließend im Alltag als nicht umsetzbar zu erweisen. Anderenorts versuchen Gremien aus passionierten Einzelkämpfer/-innen verzweifelt neue Ansätze in Schule durchzusetzen, nur um nach kurzer Zeit einzusehen, dass sie auf Widerstände stoßen, die nicht überbrückbar erscheinen. Es fehlt an Materialien, bauliche Maßnahmen verhindern neue Lehrmethoden, viele Kolleg/-innen halten aus diversen Gründen an traditionelleren Lehrmethoden fest usw.

Wie also kann Schule reagieren, um der Forderung der Gesellschaft nach individuellen, rundum gebildeten Teamplayern nachzukommen?

Um nicht ebenfalls in blinden Aktionismus zu verfallen und gegebenenfalls Wege zu beschreiten, von denen bereits bekannt ist, dass sie nicht förderlich sind, lohnt es sich zunächst einen Blick auf aktuelle wissenschaftliche Erkenntnisse zum Thema „Lernen" zu werfen.

1.2 Wie lernt der Mensch?

Dieser Frage muss zwingend nachgegangen werden, wenn wir uns mit der Gestaltung von Lehr- und Lernsituationen beschäftigen. Erkenntnisse aus der pädagogisch-psychologischen Lernforschung sagen:

> *„Die affektive Einstellung zum Lernen ist im Hinblick auf lebenslanges Lernen von zentraler Bedeutung. Wird Lernen als unangenehm erlebt, fallen Entscheidungen für Weiterbildung oder jegliche Neuaneignung von Wissen und Fertigkeiten […] negativ aus."* (Götz, Frenzel, Pekrun, 2007, S. 14)

Emotionen sind somit wichtig beim Lernen. Eine positive Atmosphäre, in der sich der bzw. die Lernende wohlfühlt, muss folglich geschaffen werden, um die Grundlage für Lernerfolge zu legen. Im Zuge dieser Erkenntnis müssen wir einen nüchternen Blick auf die aktuelle Lehrsituation in Schule werfen. Kann ein Unterricht, der im 45-Minuten-Takt erfolgt, und in dem einzelne Lehrkräfte versuchen, mit einer wohlüberlegten Methode dreißig Lernende zu aktivieren und bei Laune zu halten, dies erreichen?

Wenn wir ehrlich sind, müssen wir eingestehen, dass ein Vorgehen dieser Art aller Voraussicht nach nur einzelne Schüler/-innen aktivieren wird, nämlich diejenigen, die sich von diesem Lernzugang angesprochen fühlen. Aktivierung hängt eng mit Motivierung zusammen. Wie aktiviere und motiviere ich Schüler/-innen denn dann, wenn ich durch den Einsatz moderner Unterrichtsmethoden nicht alle erreichen kann? Sichtet man die entsprechende Fachliteratur wird deutlich, dass Selbstbestimmung im Lernprozess als maßgeblich für das Erzeugen von intrinsischer Motivation für Lernende angesehen wird.

> *„Intrinsische Motivation kann […] zufolge nur entstehen, wenn subjektive Selbstbestimmtheit bei der Durchführung einer Tätigkeit mit einer Selbstwahrnehmung als kompetente/r Handelnde/r einhergeht.“* (Bosch, 2015, S. 3)

Diese „subjektive Selbstbestimmtheit“ forciert wiederum ein Bild des individuellen Lerners und „betont die individuelle Perspektive von Wahrnehmung, Konstruktion und Wissen.“ (Klassen 2005, S. 151) Auch die OECD, Organisation für wirtschaftliche Zusammenarbeit und Entwicklung und Organisator der bekannten PISA-Studie, betont die Notwendigkeit des selbstgesteuerten Lernens:

> *„Eine der wichtigsten Implikationen der in diesem Bericht [PISA-Studie], dargelegten Ergebnisse lautet, dass es sich für die Bildungssysteme lohnt, die Fähigkeit der Schülerinnen und Schüler zu effektivem und somit selbstreguliertem Lernen zu fördern. Die Lernansätze der Schüler, namentlich ihre Anwendung von Lernstrategien, ihr Selbstvertrauen und ihre Motivation stellen zentrale Aspekte der Bildung dar. Sie sind nicht nur maßgebend für schulischen Erfolg, sondern können auch als Bildungsertrag allgemein betrachtet werden.“* (Artelt et. al., 2003, S. 82)

Es ist somit unsere Aufgabe, Lernenden kein vorgefertigtes Konstrukt überzustülpen, egal wie wohlgemeint dieses Konstrukt von uns gestrickt wurde, sondern individuelle Möglichkeiten zu schaffen, die es ihnen erlauben, ihren Arbeitsweg selbst zu planen und zu durchlaufen.

Dies entspricht auch dem Ansatz der konstruktivistischen Lerntheorie. Der renommierte Hirnforscher Prof. Dr. Dr. Gerhard Roth erklärt diesen Ansatz mit folgenden Worten:

> *„Der Kern einer neurobiologisch-konstruktivistischen Lehr- und Lerntheorie besteht in der Einsicht, dass Wissen nicht übertragen werden kann, sondern im Gehirn eines jeden Lernenden neu geschaffen werden muss. Lernen ist also ein aktiver Prozess der Bedeutungserzeugung. Dieser Prozess wird durch Faktoren gesteuert, die überwiegend unbewusst wirken und deshalb nur schwer beeinflussbar sind. […] Ein guter Lehrer kann den Lernerfolg nicht direkt erzwingen, sondern günstigenfalls die Rahmenbedingungen schaffen, unter denen Lernen erfolgreich abläuft."* (Roth 2004, S. 496)

Dies bietet eine gute Ausgangslage zur Erfüllung unseres Auftrages der Gesellschaft. Es sei angemerkt, dass unsere Sichtweise auf den Konstruktivismus eine gemäßigte ist und keine radikale. Es geht nicht darum, zu polarisieren und Lehre und Instruktion zu diffamieren, sondern vielmehr darum, sinnvolle Ergänzungen und Möglichkeiten zu schaffen, um individuelles Lernen zu fördern, wo immer dies möglich ist.

Der konstruktivistische Lehr- und Lernansatz hat viel im Unterricht verändert. Unzählige Referendar/-innen und gestandene Lehrer/-innen versuchen bereits seit geraumer Zeit, diesem Ansatz mit einer sorgfältigen Didaktisierung des Unterrichts gerecht zu werden.

Wie aber kann individualisiertes, selbstgesteuertes Lernen in einem Klassensaal mit bis zu 30 oder mehr heterogenen Lernenden praktisch aussehen?

1.3 Helfer zur eigentätigen Lern-Planung (HeLP) – ein Überblick

Der „Helfer zur eigentätigen Lern-Planung", kurz HeLP genannt, bietet den Lernenden ein Gerüst, mithilfe dessen sie ihren Lernprozess eigenverantwortlich gestalten können. Durch selbstgesteuertes Lernen werden die Lernprozesse individualisiert, was der Heterogenität der Lerngruppe entgegenkommt. Die Schüler/-innen erhalten ein Mitbestimmungsrecht über ihren eigenen Lernprozess, was auch Garant für ein besonders nachhaltiges

Lernen ist. Selbst Erarbeitetes bleibt länger im Gedächtnis und erfolgreiche Lernprozesse werden dadurch ermöglicht. Nach einem kurzen Überblick werde ich Ihnen die Teilelemente des HeLP-Konzepts im Detail erklären.

Inhaltlich gesehen können wir Lehrende eine Unterscheidung treffen zwischen bestimmten **Pflichtinhalten**, die laut Lehrplan vorgegeben sind und, wenn irgendwie zeitlich möglich, **Wahlinhalten**, bei denen die Schüler/-innen ein Mitbestimmungsrecht haben. Wir können somit von ihnen ausgewählte Themen mitaufgreifen und auf eine universitäre Ausbildung, in der selbstgesteuerte Aneignung von komplexen Themengebieten an der Tagesordnung ist, vorbereiten. Aber auch auf eine mögliche berufliche Ausbildung bereitet dieser selbstgesteuerte Zugang ideal vor. Der bzw. die Lernende ist in der Lage sich kompetent in neue komplexe Themeninhalte einzuarbeiten, eine Fähigkeit, die heutzutage bei den sich stetig verändernden Arbeitsbedingungen unabdingbar ist.

Durch das Schaffen und Integrieren von **Lernsituationen** und **Lernaufgaben** wird es dem bzw. der Lernenden ermöglicht, handlungsorientiert zu lernen. Die integrierte Verknüpfung von theoretischem Wissen mit praktischen Fähigkeiten ermöglicht ein möglichst realitätsnahes Lernen. Die erzeugte Lebensnähe wiederum bietet einen emotionalen Anknüpfungspunkt für Lernen, der, wie bereits erläutert, essenziell für Lernprozesse ist.

Weiterhin wird bei HeLP den Schüler/-innen in vielen Fällen eine Mitbestimmung über die **Sozialform** übertragen (s. Sozialform, Kap. 2.5) sowie über das **Handlungsprodukt** (s. Konkrete Aufgabenstellung, Kap. 2.4). Welche Aufgabenstellung ist zu umfangreich, um sie allein anzugehen? Welches Handlungsprodukt bietet sich für diese spezielle Aufgabe an und passt zu dem fachtheoretischen Inhalt?

Nur wenn wir die Lernenden in der Planung ihrer individuellen Lernprozesse auffordern, sich Gedanken über das „Wie" zu machen, fördern wir ihre Fähigkeit zu lebenslangem Lernen.

Individualisierung bedeutet aber auch, dass individuelle Lerntypen berücksichtigt werden müssen. Der bei der Arbeit mit HeLP integrierte Einsatz digitaler Endgeräte, ermöglicht es den Lernenden, sich **die zu ihrem Lerntyp passenden Ressourcen** auszuwählen. Der klassische Fachtext wird ergänzt durch YouTube-Videos, Podcasts o.ä. Auch das eben erwähnte „Wie" wird durch die Ermöglichung einer digitalen methodischen Vielfalt erleichtert, die nicht nur eine Vielfalt an Handlungsprodukten eröffnet, sondern auch für verschiedenste Arbeits- und Sozialformen eingesetzt werden kann. Die geforderten **digitalen Kompetenzen** der Lernenden werden somit umfassend geschult (s. Handlungskompetenzraster, Kap. 3.2).

All dies führt bei den Lernenden zu einem immensen Anstieg der intrinsischen Motivation. Der gewünschte Erfolg bleibt ebenfalls nicht aus. Schüler/-innen behalten das selbst Erarbeitete viel eher als das „Vorgebetete" und können in Prüfungssituationen darauf zurückgreifen und Gelerntes eigenständig anwenden. Durchgängige Evaluationen der letzten Jahre belegen dies (s. Fazit, Kap. 9). Das Wissen wird den Schüler/-innen nicht mehr quasi auf dem Silbertablett serviert, der bzw. die Lehrende versteht sich vielmehr als **Lernbegleiter/-in**, der seine bzw. die ihre Lerngruppe beim Eigenerwerb der Kompetenzen unterstützt und begleitet.

1.4 Das digitale Klassenzimmer als Ergänzung

Die Arbeit mit HeLP in ein digitales Klassenzimmer einzubetten, erwies sich als ideales Hilfsmittel, sowohl für die Lernenden als auch für die Lehrenden. Online-Plattformen ermöglichen den Lernenden einfachere Zugänge zu den Quellen, die mit einem Klick (Hyperlink) für sie erreichbar sind.

Die verschiedenen Online-Plattformen bieten unterschiedliche Vorteile. Beim OneNote Classroom hat beispielsweise jede/-r Lernende ein eigenes Notizbuch, in dem er seine bzw. sie ihre persönlichen Ergebnisse festhalten kann. Nur die Lehrkraft hat Zugriff auf die individuellen Schülerarbeitsbereiche, was wiederum ein zeitnahes und genaues Feedback ermöglicht. Ein Gruppenarbeitsbereich ermöglicht aber auch den Miteinbezug kooperativer Lernformen. Aber auch Google Classroom oder Moodle bieten ausgezeichnete Möglichkeiten, das selbstgesteuerte Lernen der Schüler/-innen zu unterstützen. Hier ist es wichtig, die Vorgaben des jeweiligen Bundeslandes bezüglich Datenschutzes etc. zu beachten. Viele Bundesländer erlauben keine Nutzung von Online-Plattformen, deren Server sich im Ausland befinden. Hierzu gibt es aber seit der Corona-Pandemie ausreichend Alternativen.

Die Schulung der digitalen Kompetenz, die für das spätere Studium oder Berufsleben so immens wichtig ist, wird neben dem Erwerb von Fach-, Personal- und Sozialkompetenzen in den Mittelpunkt gestellt. Eine umfassende Handlungskompetenz wird durch den Einsatz von HeLP in Verbindung mit digitalen Medien erreicht (s. Handlungskompetenzraster, Kap. 3.2).

Sollte kein Online-Klassenzimmer möglich sein, so bietet sich Portfolioarbeit an. Die Lernenden sammeln zu jedem HeLP-Plan ihre Lernprodukte und stellen diese in anschaulicher Weise dar. Dennoch ist auch hierfür die Arbeit am PC, Tablet oder anderen digitalen Geräten unerlässlich, da alle Ressourcen und Quellen, die im HeLP-Plan aufgelistet sind, so zu erreichen sind. Die digitalen Medien bieten hierbei entscheidende Vorteile. Der wichtigste ist mit Sicherheit die immer gewährleistete Aktualität. Die Lernenden haben stets die Möglichkeit, auf aktuelle wissenschaftliche Theorien zurückzugreifen, neueste Artikel zum Thema zu lesen etc. Gleichzeitig lernen sie medienkritisch mit Informationen im Internet umzugehen.

Aber auch aus ökologischer und ökonomischer Perspektive ergibt die Arbeit mit digitalen Medien Sinn. Es müssen nicht mehr unzählige Texte kopiert und verteilt werden, die nach einmaligem Lesen im Papierkorb verschwinden. Die Schüler/-innen haben mit einem Klick jeweils direkt Zugriff auf alle Quellen, wenn sie sie benötigen.

Selbstverständlich bietet aber auch das jeweilige eingeführte Schulbuch die Möglichkeit als (Haupt-)Quelle angegeben zu werden.

2 HeLP – das Konzept: Elemente und Aufbau eines HeLP-Plans

2.1 Übersicht

Jeder HeLP-Plan ist unterschiedlich umfangreich, abhängig von der Lerngruppe und der didaktischen Themeneinheit, weshalb die hier dargestellten Beispiele als exemplarisch zu betrachten sind. Lernende, denen selbstgesteuertes Lernen noch fremd ist, benötigen ein umfassenderes Gerüst mit klar definierten Ressourcen, während Fortgeschrittene weitaus weniger Angaben benötigen, da sie gelernt haben, eigenverantwortlich zu agieren.

Lassen Sie uns auf den nun folgenden drei Seiten mal einen Blick auf den grundsätzlichen Aufbau eines HeLP-Plans werfen, um anschließend im Detail auf die Teilelemente einzugehen. Der immer gleiche Aufbau dient der Wiedererkennung sowohl bei den Lernenden als auch bei den Lehrenden. Die Orientierung fällt deutlich leichter, wenn sich die Pläne nur inhaltlich voneinander unterscheiden. Sämtliche hier beschriebene Vorlagen und Beispiele finden Sie entweder direkt im Buch oder im Internet als Webcode zum Download. Entsprechende Hinweise geben wir Ihnen an passender Stelle.

Übersicht: grundsätzlicher Aufbau eines HeLP-Plans

Fach/Kurs: ____________
Lehrkraft: ____________
HeLP: ____________

Arbeitszeitraum:

____ Unterrichtsstunden

BBS //

Lernsituation:

Pflichtthemen (Alle Themen sind bis zum festgelegten Zeitpunkt zu bearbeiten.)

Thema/Lernaufgabe	Aufgabe	Sozialform	Ressourcen	Orga/Feedback
1		EA[1] PA	**Schulbuch:** **Arbeitsblätter:** **Internetlinks:**	**Arbeitszeiten:** **Konsolidierung:** Shutterstock.com/FARBAI
2		FW	**Schulbuch:** **Arbeitsblätter:** **Internetlinks:**	**Arbeitszeiten:** **Konsolidierung:** Shutterstock.com/FARBAI

[1] EA: Einzelarbeit, PA: Partnerarbeit, GA: Gruppenarbeit, FW: frei wählbar

Fach/Kurs: ____________ Lehrkraft: ____________ HeLP: ____________	Arbeitszeitraum: ____ Unterrichtsstunden

3		FW	**Schulbuch:** **Arbeitsblätter:** **Internetlinks:**	**Arbeitszeiten:** **Konsolidierung:** Shutterstock.com/FARBAI
4		FW	**Schulbuch:** **Arbeitsblätter:** **Internetlinks:**	**Arbeitszeiten:** **Konsolidierung:** Shutterstock.com/FARBAI
Benotete Leistung/ ggf. übergeordnetes Handlungsprodukt				**Arbeitszeiten:** **Abgabe:** Shutterstock.com/FARBAI

Cornelsen/Heike Beardsley
Logo: Berufsbildende Schule II Wirtschaft und Soziales – Kaiserslautern

Fach/Kurs: ____________________
Lehrkraft: ____________________
HeLP: ____________________

Arbeitszeitraum:

____ Unterrichtsstunden

BBS //

Wahlthemen (Ein Thema ist mindestens zu bearbeiten; bereiten Sie eine Ergebnispräsentation vor.)

Thema	Aufgabe	Sozialform	Ressourcen	Orga/Feedback
Selbstgewähltes Thema:		FW		**Arbeitszeiten:** Shutterstock.com/FARBAI
		FW		**Arbeitszeiten:** Shutterstock.com/FARBAI

Ein HeLP-Plan bildet eine in sich geschlossene Unterrichtseinheit ab, deren Inhaltsrichtung sich in der **übergeordneten Lernsituation** widerspiegelt und den Lernenden somit Orientierung über den zu erarbeitenden Themenbereich gibt. Diese befindet sich in einem eingerahmten Textfeld und steht prominent über dem Plan selbst, der in Tabellenform angelegt ist und aus fünf Spalten besteht. Die Zeilenanzahl ist von der Menge der zu erarbeitenden Teilthemen abhängig.

Die erste Spalte beinhaltet die einzelnen **Lernaufgaben**, die die Teilinhalte der Unterrichtseinheit darstellen. Diese können jedoch von den Lernenden erst konkret beantwortet werden, indem sie sich der nächsten Spalte zuwenden, die die **konkrete Aufgabenstellung** umfasst. Hierbei helfen den Lernenden die in der nächsten Spalte befindlichen **Ressourcen** sowie der **Zeitrahmen**, der ihnen in der letzten Spalte Orientierung bietet.

Die Einteilung in **Pflicht- und Wahlthemen** (in einer extra beigefügten Zeile) bietet sich dort an, wo Zeit und Raum für eine Mitbestimmung der Lerninhalte durch die Lernenden gegeben ist. Aber auch zu **Differenzierungszwecken** ist die Einteilung sinnvoll. Schnellere Lernende können ein weiteres, von ihnen selbst gewähltes und mit der Lehrkraft abgesprochenes Thema immer dann erarbeiten, wenn sie vor der angegebenen Abgabezeit fertig sind. Die anderen Lernenden profitieren im Anschluss von dieser Ergänzung. Im Folgenden gehe ich im Detail auf die Teilelemente des HeLP-Konzepts ein.

WEBCODE
Die HeLP-Vorlagenvariante ohne Methoden- bzw. Handlungsproduktspalte finden Sie hier als Webcode zum Download:

cornelsen.de/codes
Code: gosire

2.2 Lernsituation

Zunächst werfen wir einen Blick auf die übergeordnete Lernsituation. Jeder HeLP-Plan umfasst Lerninhalte einer sinnvollen didaktischen Einheit, die unterschiedlich lang/komplex ist (abhängig vom Thema und Jahrgangsstufe/Schulform). Der/die Lehrende formuliert hierzu eine Lernsituation, die die die einzelnen Lernelemente in einen thematischen Zusammenhang einbettet und den Lernenden somit eine Marschrichtung bzgl. der Lerninhalte vorgibt. Weiterhin werden die Lernenden durch einen mit der Situation verwobenen Lebenswelt- und/oder Berufsbezug motiviert, sich mit den

Lerninhalten auseinanderzusetzen. Die prominente Platzierung oberhalb des eigentlichen Plans hat somit durchaus ihre Begründung.

Fach/Kurs: Lehrkraft: HeLP:	**Arbeitszeitraum:** ...... Unterrichtsstunden	BBS

Lernsituation

Pflichtthemen (alle Themen sind bis zum festgelegten Zeitpunkt zu bearbeiten)

Thema/ Lernaufgabe	Aufgabe	Sozial-form	Ressourcen	Orga/Feedback
1		EA[1] PA	**Schulbuch:** **Arbeitsblätter:** **Internetlinks:**	**Arbeitszeiten:** ☺😐☹

Abb. Lernsituation

Diese Idee korrespondiert mit dem Gedanken, Lernen in Kontexte einzubetten, um Lernenden unterschiedliche, individuelle Anknüpfungsmöglichkeiten an Lerninhalte zu ermöglichen. Involviert die Lehrkraft folglich die Schüler/-innen direkt zu Beginn einer Unterrichtseinheit, indem sie sie auffordert, sich Gedanken über das Themengebiet zu machen, indem sie beispielsweise Assoziationen bilden, Recherche betreiben etc. und für sich selbst ansprechende Inhalte zu finden, so schafft sie nicht nur individualisierte Wahlinhalte, sondern bildet ebenso einen lernförderlichen Kontext.

Lernsituationen sind somit *„simulierte, didaktisch aufbereitete, exemplarische berufliche Arbeitssituationen bzw. alltägliche Lebenssituationen, die theoretische Inhalte in einen aktuellen, problemorientierten Zusammenhang stellen“* (Staatliches Studienseminar für das Lehramt an berufsbildenden Schulen Speyer/Kaiserslautern, 2018, S. 4).

Die Lernsituation bildet somit das unabdingbare Gerüst, das eine Unterrichtseinheit in einen sinnvollen Rahmen einbettet. Sie bietet den Lernenden Orientierung und gibt ihnen erste Hinweise auf Inhalte der Unterrichtseinheit. Bereits bekannte Teilinhalte fördern einen strukturierten Wissensaufbau, aber auch fächerübergreifende Vernetzungen können hier problemlos angelegt werden. Durch die Problemorientierung weist sie auch auf mögliche Ziele der Unterrichtseinheit hin und motiviert durch ihre geschickt angelegte multikontextuale und authentische Ausrichtung die Schüler/-innen, selbst aktiv zu werden. Beispiele für Lernsituationen sehen Sie in den Kapiteln 6 und 7 („HeLP – die Praxis“.)

Bei der Formulierung der Lernsituationen orientiere ich mich immer an meiner Lerngruppe. Im beruflichen Gymnasium kann ich entweder die Tatsache nutzen, dass ich es mit angehenden Expert/-innen beispielsweise für das Fach Pädagogik zu tun habe und stelle einen Berufsbezug her oder ich nutze einen Alltagsbezug zum Jugend- bzw. jungen Erwachsenenalter, was die Lernenden ebenfalls anspricht. In der Fachschule für Sozialwesen, Schwerpunkt Sozialpädagogik, nutze ich natürlich die Tatsache, dass ich es mit angehenden Erzieher/-innen zu tun habe. Hier stehen ganz klar berufliche Situationen im Vordergrund. Selbiges gilt für Klassen der Berufsschule, wo berufliche Handlungssituationen den Kern der HeLP-Pläne ausbilden.

Durch das Herstellen eines direkten Bezugs erhöht sich die Relevanz des Lerninhalts beträchtlich, was wiederum mit einer gesteigerten Motivation dem Lerngegenstand gegenüber korreliert. Fragen wie „Warum müssen wir das lernen?" erübrigen sich dadurch.

2.3 Lernaufgabe

In der ersten Spalte eines jeden HeLP-Plans finden sich die einzelnen Lernaufgaben, die sich aus der Lernsituation ableiten und nacheinander von den Lernenden bearbeitet werden. Diese beinhalten die einzelnen Lerninhalte bzw. Teilthemen der Unterrichtseinheit.

Thema/ Lernaufgabe	Aufgabe	Sozial-form
1		EA[1] PA
2		FW

Abb. Thema/Lernaufgabe

Das Studienseminar für das Lehramt an berufsbildenden Schulen Speyer/ Kaiserslautern definiert eine Lernaufgabe folgendermaßen:

> *„Eine Lernaufgabe stellt eine aus der Lernsituation abgeleitete, didaktisch-methodisch aufbereitete Problemstellung dar, um beim Lernenden den erwünschten Tätigkeits- bzw. Lernprozess zu initiieren. Sie löst eine kognitive Dissonanz aus und weckt damit Neugierde."*
> (2018, S. 5)

Die Lernaufgabe wird mit dem Plenum zunächst gemeinsam diskutiert, so können die Lernenden an ihr Vorwissen anknüpfen und einen Bezug zur Thematik herstellen. Oftmals haben die Lernenden Teilwissen oder können eine Verbindung zu anderen Fächern erkennen, doch sie erkennen in der Regel schnell, dass sie mehr Wissen benötigen, um die Lernaufgabe beantworten zu können. Die fachlich konkrete Beantwortung der Lernaufgabe fordert die Lernenden somit heraus, sich notwendiges Wissen zunächst anzueignen und dieses dann auch direkt anzuwenden, indem sie es auf die Lernaufgabe übertragen und diese nach Bearbeitung der konkreten Aufgabe, die sich in der nächsten Spalte befindet, zu beantworten. Dies wiederum führt zu einem vertieften und nachhaltigeren Lernen.

Weiterhin motiviert eine gut formulierte und problemorientierte Lernaufgabe die Lernenden, eigene Lösungen zu finden, und bietet inhaltliche Orientierung sowie Inhalts- sowie Zielklarheit bzgl. des Lerninhalts.

Das klingt komplizierter als es eigentlich ist. Eine Lernaufgabe kann eine kurze, provozierende These sein, die mit einem „Stimmt's?" versehen ist und die Lernenden auffordert, einen bestimmten Sachverhalt zu überprüfen, um sich ein fachlich korrektes Urteil bilden zu können. Sie kann aber auch eine längere Situation umfassen, die die Schüler/-innen zu einer Handlung auffordert. In beiden Fällen ist diese Handlung die Bearbeitung der konkreten Aufgabenstellung, ohne die sie die Lernaufgabe nicht final beantworten könnten.

Beim Thema „Raumfaktoren in der Kindertagesstätte" könnte eine solche These beispielsweise lauten: „Ein großes Fenster, ein schönes Regal und es passt, oder?" Die Lernenden werden auf Grundlage ihres bisherigen Wissens Anknüpfungspunkte zum Lerngegenstand finden und erste Antworten formulieren können. So werden sie beispielsweise das „es passt" thematisieren, da sich hier geradezu ein „wozu?" aufdrängt. Sie können an Hintergrundwissen bzgl. der pädagogischen Wirkung von Räumen andocken, die sie beispielsweise in der Lernaufgabe direkt davor erarbeitet haben. Auch können sie Vermutungen anstellen, welche Raumfaktoren von Relevanz sein könnten, indem sie von ihren bereits abgeleisteten Praktikumserfahrungen berichten. Um die Lernaufgabe jedoch fachlich korrekt und final beantworten zu können, benötigen Sie jedoch tiefergehendes Wissen, das sie sich zunächst erarbeiten müssen.

Die Sozialisationstheorie nach Krappmann (Leistungskurs Pädagogik, 13. Jahrgangsstufe) leite ich im HeLP-Plan mit der Lernaufgabe „Ich sein bedeutet, dass ich einfach so sein kann, wie ich will, oder?“ ein. Hier finden die Lernenden Anknüpfungspunkte aus ihrer eigenen Lebenserfahrung, aber auch aus vorangegangenen Sozialisationstheorien oder auch aus Inhalten des Fachs Psychologie. Die initiale Diskussion über eine Lernaufgabe kann gut und gerne eine Unterrichtsstunde dauern und wo möglich, gebe ich den Lernenden diese wertvolle Zeit. Durch das Schaffen von Bezügen und Anknüpfungspunkten steigert sich die intrinsische Motivation der Schüler/-innen enorm.

Sie sehen, es ist kein Hexenwerk eine Lernaufgabe zu formulieren. Wenn man einmal den Kniff raushat, gelingt es einem sehr schnell, die passende Aufgabe zu Papier zu bringen. Mir persönlich macht das Formulieren der Lernaufgaben großen Spaß und es bringt mir als Lehrende ebenfalls Ziel- und Inhaltsklarheit, da ich mir genau bewusst sein muss, wohin die Reise eigentlich gehen soll.

Weitere anschauliche Beispiele zum Thema „Lernaufgaben“ finden Sie in den Kapiteln 6.2 und 7.2.

2.4 Konkrete Aufgabenstellung

Die konkrete Aufgabenstellung findet ihren Platz direkt in der Spalte neben der Lernaufgabe. Sie befähigt die Lernenden, sich den spezifischen Lerninhalt selbstständig, selbsttätig (und wo nötig schrittweise) anzueignen, den sie für die Beantwortung der Lernaufgabe benötigen.

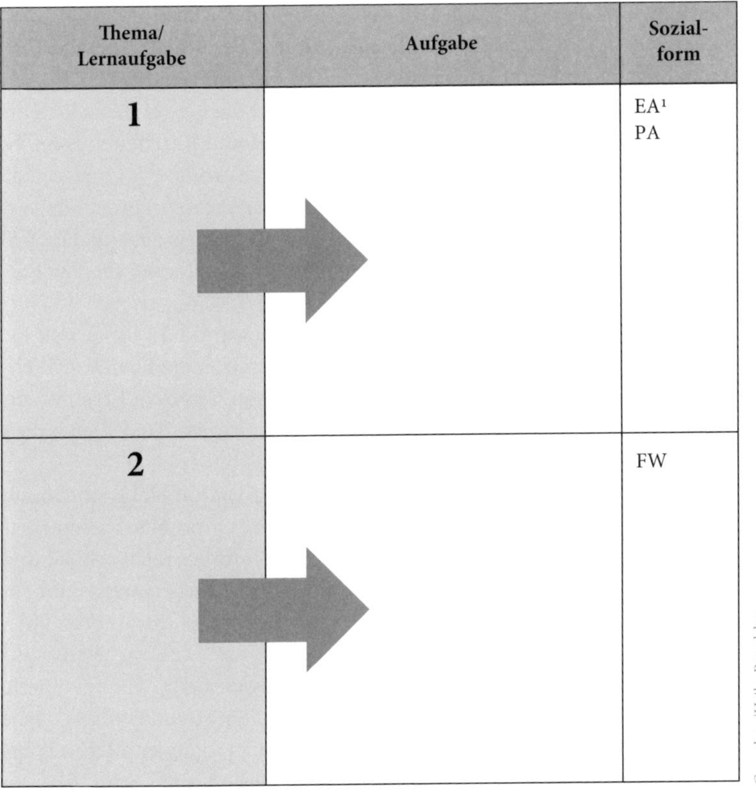

Thema/ Lernaufgabe	Aufgabe	Sozial- form
1		EA[1] PA
2		FW

Cornelsen/Heike Beardsley

Abb. Aufgabenstellung

Hier gilt immer der Grundsatz: **Je konkreter die Aufgabe formuliert ist, desto besser.** Die Aufgabenstellung ist ein wichtiger Anker für die Lernenden beim selbstgesteuerten Lernen, da sie so genau wissen, was inhaltlich erarbeitet werden muss. Jede Aufgabe schließt mit der Forderung ab, anschließend an die Erarbeitung des Fachinhalts, die Lernaufgabe zu beantworten und somit ihr neu erworbenes Wissen direkt anzuwenden.

Eigenverantwortliches Lernen setzt eine Vielzahl an Planungsprozessen voraus. Hierbei ist es wichtig, diese Planung über den Arbeitsprozess anzuleiten, aber den Lernenden auch genügend Freiheiten zu geben, eigene Entscheidungen zu treffen. So werden die Lernenden gefordert, zielorientiert auf die Problemstellung einzugehen. Sie müssen ihr weiteres Vorgehen handlungsorientiert planen. Dies beinhaltet zunächst Entscheidungen bezüglich der benötigten Ressourcen, die zur Auswahl stehen (s. Ressourcen,

Kap. 2.6), aber auch der Vorgehensweise zu treffen. Diskussionen über Strategien zur individuellen Problemlösung mit den Peers helfen bei der Entscheidungsfindung und fördern die Sozialkompetenz.

Die Aufgaben sind bewusst so formuliert, dass die Lernenden auch eine Entscheidung bzgl. eines passenden Handlungsprodukts treffen müssen. Es wäre wenig zielführend, ein bestimmtes Handlungsprodukt vorzugeben, da sonst wichtige Denk- und Entscheidungsprozesse bei den Lernenden verhindert werden. Bei neuen HeLP-Klassen und -Kursen sind hier anfänglich sicherlich auch die Lehrkraft und/oder die Peers gerade bei diesem Entscheidungsprozess als Berater/-innen gefordert.

Unterstützende Fragen, wie „Welches Handlungsprodukt bietet sich für diese Lernaufgabe an?" oder „Denkst du, hier passt eher ein Fließtext, Stichpunkte oder brauchst du eine digitale Präsentation, um dein Ergebnis zur Lernaufgabe passend darzustellen?" können zur Prozess- und Zielklarheit bei den Lernenden beitragen.

Je erfahrener die Klassen und Kurse mit der Arbeit mit HeLP sind, desto weniger Hinweise benötigen sie. Erfreulicherweise merkt man diesen Fortschritt an Planungskompetenz erfahrungsgemäß oftmals recht schnell und stellt auch einen gewissen Stolz über die gewählte Vorgehensweise und das Handlungsprodukt bei den Lernenden fest. So werde ich oft während den Erarbeitungsphasen an die Arbeitstische gerufen, um mir etwa „ein besonders schönes Canva", ein ausgeklügeltes Miro oder auch eine detaillierte MindMap anzusehen. Auch untereinander werden diese Produkte gerne präsentiert, was wiederum Neugier bzgl. der neuen digitalen Methode bei den Peers hervorruft und sie dazu motiviert, selbst einmal neue Wege zu gehen und aus ihrer Komfortzone zu bewegen, anstelle der Erstellung des immer gleich aufgebauten Word-Dokuments oder der sich nur inhaltlich unterscheidenden PowerPoint-Präsentationen.

Für Anfangsklassen und/oder jüngere Lernende bieten sich gesonderte Hinweise zu Handlungsprodukten in einer erweiterten HeLP-Vorlagenvariante mit eigener Methoden- bzw. Handlungsproduktspalte an. Hier können unterstützende Hinweise formuliert oder Links zu Methodendatenbanken oder Arbeitsblättern (z. B. „Wie erstelle ich eine MindMap?") abgelegt werden. Diese HeLP-Vorlage finden Sie unter untenstehendem Webcode.

Thema/ Lernaufgabe	Aufgabe	Methode/HP	Sozial-form
1			EA[1] PA

Cornelsen/Heike Beardsley

Abb. Methode/Handlungsprodukt

WEBCODE
Die erweiterte HeLP-Vorlagenvariante mit eigener Methoden- bzw. Handlungsproduktspalte finden Sie hier als Webcode zum Download:
cornelsen.de/codes
Code: pupami

Je erfahrener die Schüler/-innen sind, desto weniger Hinweise benötigen sie. Das eher umfangreiche „Gerüst" zu Beginn des eigenverantwortlichen Arbeitens verschlankt sich nach und nach.

Diese Entscheidungsfreiheiten motivieren die Lernenden erfahrungsgemäß enorm, können aber auch stellenweise überfordern. Eine übergeordnete Methodendatenbank schafft hierbei Orientierung und Sicherheit. Viele Schulen haben während der Corona-Pandemie eigene Methodendatenbanken geschaffen, deren Nutzung sich hier anbietet.

Sie finden auch im Internet zahlreiche Webseiten, die sich spezifisch mit diesem Thema beschäftigen. Viele sind schulform- und fachspezifisch gegliedert und erleichtern einem so die Nutzung.

In meinen Kursen lege ich zu Beginn des Jahres eine Methodendatenbank an, beispielsweise in Form eines Padlets oder auch einer einfachen Word-Tabelle, die die Lernenden nach und nach füllen. Erfahrungsgemäß gibt es bei jeder Aufgabenbesprechung mehrere Lernende, die neue Methoden und Handlungsprodukte gewählt haben, und die sowohl den Nutzen als auch die Benutzung dieser ihren Mitschüler/-innen darlegen können. Diese neuen Methoden und Handlungsprodukte halten sie ebenfalls in der kurseigenen Methodendatenbank fest. So wächst diese zügig und bietet eine Orientierungshilfe für den gesamten Kurs. Die Erfahrung zeigt, dass sich die Lernenden daraufhin eher an eine neue Methode wagen und sich auch gezielt Hilfe bei der Mitschülerin/dem Mitschüler holen, der sie vorgestellt hatte. Die Lernenden erwerben somit neben der Fach- auch gleichzeitig umfassende Methodenkompetenzen, sowohl im analogen als auch im digitalen Bereich und auch die Sozialkompetenz wird im Umgang miteinander gefördert.

Tipp!

Auf meiner Website heikebeardsley.com ist ein Padlet mit einer Methodendatenbank zu finden, das Sie sehr gern anschauen und nutzen können.

2.5 Sozialform

Die dritte Spalte im Plan ist eine sehr schlanke. Sie enthält, in abgekürzter Form, Hinweise zur zu wählenden Sozialform. Ja, Sie haben richtig gelesen. Die Lernenden wählen in den meisten Fällen selbst aus, in welcher Zusammensetzung sie arbeiten möchten, was einen nicht zu unterschätzenden Motivationsfaktor darstellt.

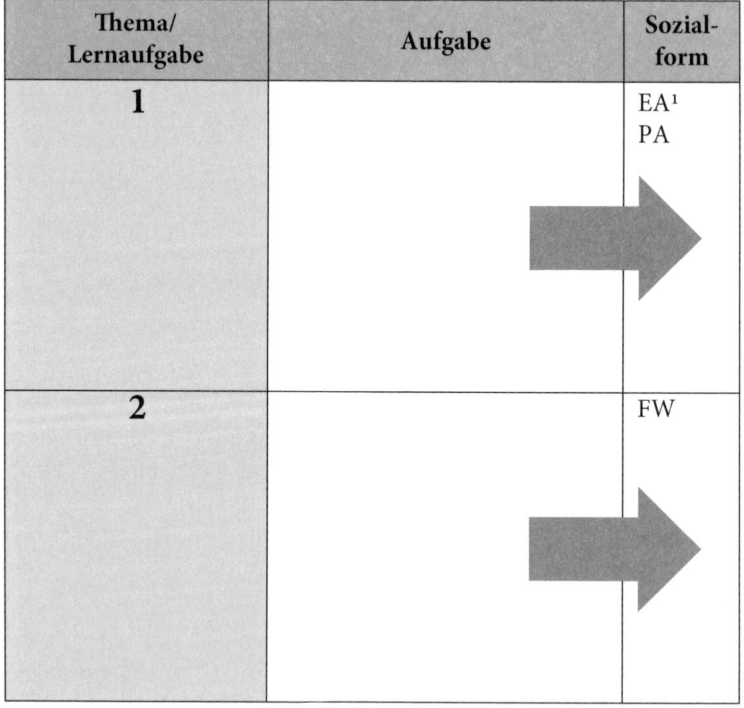

Thema/ Lernaufgabe	Aufgabe	Sozial-form
1		EA[1] PA
2		FW

Abb. Sozialform

Die freie Wahl der Sozialform hilft zum einen die Sozialkompetenz weiter zu stärken. So ist es den Lernenden in den meisten Fällen gestattet, in Partner- oder Gruppenarbeit (PA: Partnerarbeit/GA: Gruppenarbeit) die Aufgaben anzugehen. Je nach Aufgabe ergibt es Sinn, auch mal eine Einzelarbeit (EA: Einzelarbeit) zu fordern, im Bereich der Biographiearbeit z. B. oder bei der Bearbeitung einer Übungsklausur.

Wo immer möglich, sollte es den Lernenden jedoch freistehen, sich auszusuchen, in welcher Sozialform sie arbeiten möchten (FW: frei wählbar). Dies fordert sie, ähnlich wie bei der Planung des Handlungsprodukts, heraus, Entscheidungen bezüglich ihres Arbeitswegs zu treffen.

Ist der Lerninhalt vielleicht so komplex, dass eine Gruppenarbeit von Vorteil wäre? Brauche ich einen Peer Review, die Expertise meiner Mitschüler/-innen, um den Stoff zu durchdringen? Reicht die angesetzte Zeit, um den Themenbereich allein erarbeiten zu können oder muss ich ggf. arbeitsteilig vorgehen? Diese Entscheidungen treffen die Lernenden, was sie zum einen motiviert und zum anderen befähigt, im späteren Berufsleben entscheiden zu können, wann und wie Teamwork gefordert ist. Lernende, die entscheiden, Aufgaben in Einzelarbeit zu bearbeiten, nutzen erfahrungsgemäß oft die Expertise anderer (Mitschüler/-innen, Lehrkraft) für ein gelungenes Arbeitsergebnis, sodass auch hier ein Zuwachs an Sozialkompetenzen gegeben ist. Für Lernende, denen selbstgesteuertes Lernen noch nicht vertraut ist, ist diese Entscheidung oft nicht leicht zu treffen und sie benötigen hierbei Unterstützung durch die Lehrkraft und ihre Mitschüler/-innen. Auch kann hier die Methodenspalte (s. Konkrete Aufgabenstellung, Kap. 2.4) Abhilfe schaffen, indem man beispielsweise vermerkt: „Hier eignet sich eine arbeitsteilige Gruppenarbeit“. Aber auch erfahrene Lernende benötigen immer mal wieder einen Hinweis, wenn beispielsweise auffällt, dass sie grundsätzlich allein arbeiten. Hier hilft es, sie auf die Vorteile kollaborativen Arbeitens hinzuweisen und auf die Tatsache, dass dies in vielen Berufen heutzutage gefordert wird. Um die Vorteile kollaborativen Lernens zu nutzen, empfiehlt es sich beispielsweise aber auch vorzugeben, dass pro HeLP-Plan mindestens eine Aufgabe in Partner-/Gruppenarbeit zu erledigen ist.

Sie denken nun vielleicht, was ist mit den Lernenden, die keinen Anschluss finden und mit denen niemand arbeiten möchte? Erfahrungsgemäß sind das oft Lernende, die eine ganz spezielle Expertise gerade im technischen und digitalen Bereich aufweisen und somit eine wertvolle Ergänzung für eine funktionierende Gruppenarbeit darstellen. Es finden sich immer Lernende, die sich bereiterklären mit Mitschülern/-innen zu arbeiten, die sie so eigentlich noch nicht richtig kennen. Das Schöne ist, dass darauf oftmals sehr gut funktionierende Teams und manchmal sogar Freundschaften entstehen. Hier ist natürlich die Beobachtungsfähigkeit der Lehrkraft besonders gefragt. Als Lernbegleiterin habe ich die Zeit, die Lernprozesse meiner Lerngruppen genau zu beobachten. Ich interveniere dort, wo es nötig ist, lasse aber auch Entscheidungen der Schüler/-innen zu, wo es möglich ist.

2.6 Ressourcen

Um die gestellte Aufgabe bearbeiten zu können, benötigen die Lernenden Ressourcen, die ihnen in der vierten Spalte zur Verfügung gestellt werden.

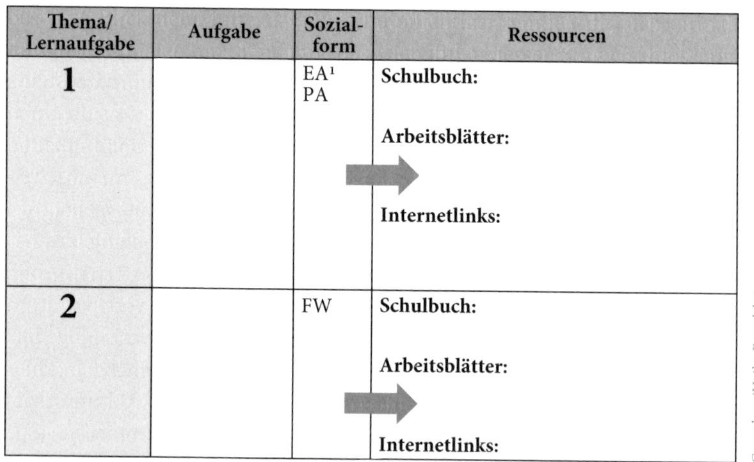

Pflichtthemen (alle Themen sind bis zum festgelegten Zeitpunkt zu bearbeiten)

Thema/ Lernaufgabe	Aufgabe	Sozial-form	Ressourcen
1		EA[1] PA	**Schulbuch:** **Arbeitsblätter:** **Internetlinks:**
2		FW	**Schulbuch:** **Arbeitsblätter:** **Internetlinks:**

Abb. Ressourcen

Diese Spalte ist als eine Art Bibliothek/Mediathek zu verstehen, die es von der Lehrkraft zu füllen gilt. Um die individuellen Lernwege und -kanäle der Schülerinnen und Schüler zu nutzen, ist es hier wichtig, unterschiedliche Ressourcenformate anzubieten.

Fachtexte (oder Angaben von Schulbuchseiten) bilden hierbei die Basis. Die visuellen Lernenden profitieren von zusätzlichen Grafiken, Videos etc., die auditiven von Podcasts, Videos u. Ä. Man kann bestimmte Ressourcen als „Must-Reads" deklarieren, während andere als Ergänzungen bzw. alternative Erklärwege zu sehen sind.

Es bietet sich an, die Ressourcenanzahl zunächst schrittweise zu erhöhen, da die Lernenden zu Beginn der Arbeit mit HeLP von zu vielen Ressourcen überfordert sein könnten. Zusätzlich ist es wichtig, die Lernenden nach und nach anzuhalten, eigene Quellen zu finden, die zur Aufgabenstellung passen. Je mehr Erfahrung die Lernenden mit einer adäquaten Recherchearbeit haben, desto spärlicher wird die Ressourcenspalte gefüllt. So steigert sich der Inhalt der Ressourcenspalte zunächst langsam, um sich dann schließlich wieder auszudünnen. Bei erfahrenden Lernenden schreibe ich einfach „eigene Quellenrecherche" in die Ressourcenspalte, fordere aber zum einen selbstverständlich die schriftliche Nennung der genutzten Quellen ein und zum anderen, auf eine korrekte Zitier- und Paraphrasierweise in den Handlungsprodukten zu achten. Wir möchten unsere Schüler/-innen schließlich dazu befähigen, auch außerhalb der Schule als kompetente lebenslang Lernende in der Lage zu sein, sich in der Vielzahl der Onlineressourcen zurechtzufinden und angemessene Entscheidungen treffen zu können. Kombiniert man die Arbeit mit HeLP mit einem digitalen Klassenzimmer oder einer Online-Cloud spart man sich zudem Kopierarbeiten und arbeitet umweltbewusst. Viele in Papierform ausgehändigte Arbeitsblätter, Texte etc. werden von den Lernenden erfahrungsgemäß selbst bei Prüfungsvorbereitungen nicht mehr zur Hand genommen. Die Handlungsprodukte dagegen schon. Deshalb ist ein online verfügbarer Text für die Erarbeitungsphase im Normalfall vollkommen ausreichend (s. Kap. 1.4 Das digitale Klassenzimmer als Ergänzung).

2.7 Orga/Feedback

In der Spalte „Orga/Feedback" verbirgt sich ein Herzstück des HeLP-Plans.

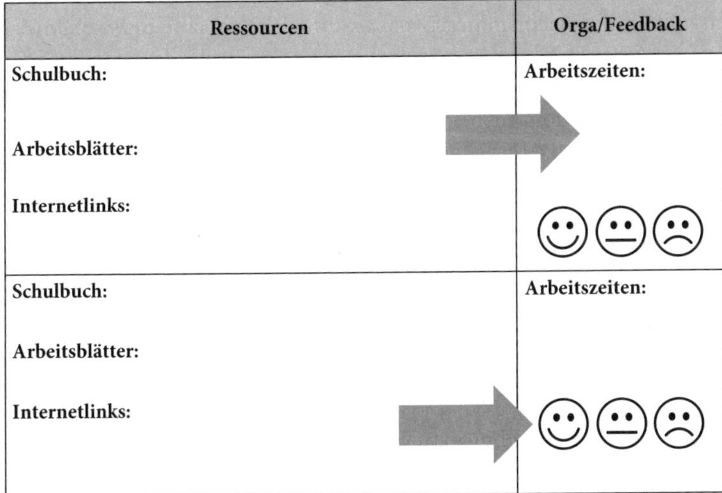

Shutterstock.com/FARBAI
Cornelsen/Heike Beardsley

Abb. Orga/Feedback

Hier wird zunächst genau festgehalten, wann und wie lang die einzelnen Arbeitsphasen stattfinden und wann Präsentations- bzw. Konsolidierungsphasen sind (diese weisen Sie bestenfalls ebenfalls im HeLP-Plan aus; s. Beispiel-HeLP-Pläne in Kap. 6 und 7). Sie können jeweils ein konkretes Datum eintragen oder aber den Zeitansatz in Stunden für die Arbeitsphase angeben. Die Lernenden wissen somit zu jedem Zeitpunkt ihres Arbeitsprozesses, wann was gefordert ist. Ich persönlich arbeite lieber mit einem konkreten Datum, wie ich Ihnen im Verlauf des Buchs mithilfe eines Beispiel-HeLP-Plans verdeutliche (s. Kap. 7.2.1).

Auch kranke Schülerinnen und Schüler sind zuhause (oder im Fernunterricht) jederzeit orientiert und verpassen somit nichts mehr. Die klassische Hausaufgabe wird ersetzt durch eigenständige Weiterarbeit am HeLP-Plan, wo es notwendig wird. Der/die Lernende muss selbstständig diagnostizieren, wie weit er/sie im Arbeitsprozess fortgeschritten ist und wann und wieviel er/sie zuhause nacharbeiten muss. Jedem bzw. jeder Lernenden ist zu jedem Zeitpunkt bewusst, wann die Aufgabe abgegeben werden muss.

Dies ist erfahrungsgemäß eine der größten Herausforderungen für die Lernenden. Das Sich-selbst-Organisieren ist eine grundlegende Fähigkeit für selbstgesteuertes Lernen. Lehrende dürfen hierbei nicht vergessen, dass dies zunächst schrittweise erlernt werden muss. Hier gilt der Grundsatz: Je jünger und unerfahrener die Lerngruppe, desto kleinschrittiger und zeitlich engmaschiger sollte der Plan zunächst angelegt sein.

Die Orga/Feedback-Spalte ist von enormer Wichtigkeit für das eigenverantwortliche Lernen. Der Lernprozess wird zeitlich strukturiert und in Teilschritte zerlegt. Die drei Smileys am Ende der Spalte werden von den Lernenden jeweils am Ende der Aufgabe als Mini-Feedback angekreuzt. Hat der bzw. die Lernende die Aufgabe insgesamt gut bewältigen können? Fiel es ihm/ihr besonders leicht oder schwer? So simpel dieses Ankreuzen erscheint, ermöglicht es doch eine wunderbare und unglaublich wertvolle Grundlage, um mit den Lernenden ins Gespräch zu kommen, um deren individuellen Lernprozess zu reflektieren. Die drei Smileys zeigen auf einen Blick an, wie die Lernenden ihren Arbeitsprozess einschätzen und wie sie den Zuwachs an Kompetenzen beurteilen. Das individuelle Feedback durch die Lehrenden ist hierbei von enormer Wichtigkeit, um eine Überforderung der Lernenden zu vermeiden. Die Grundlage für die Einschätzung der Lernenden, sowie für das Feedback bietet die Kompetenzdiagnostik in Form der Kurzreflexion, auf die wir nun einen Blick werfen.

Kompetenzdiagnostik

3

3.1 Kurzreflexion

Um Lernende zu einer objektiven Reflexion ihres eigenen Lernprozesses anzuleiten und zu einer begründeten Einschätzung zu kommen, erhalten die Schüler/-innen zu jedem HeLP-Plan einen Kurzreflexionsbogen, der während der Arbeitsphase immer am Arbeitsplatz zu liegen hat. In diesem dokumentieren die Lernenden stichpunktartig ihren Lernprozess.

Der Kurzreflexionsbogen leitet die Schüler/-innen dazu an, sich bewusst Gedanken über die von ihnen getroffenen Entscheidungen zu machen und diese auch zu begründen. Diese Reflexion des Lernprozesses dient der Kompetenzdiagnostik.

Kurzreflexion meines individuellen Lernprozesses

Bitte fülle diese Tabelle während der Bearbeitungsphase des jeweiligen HeLP-Plans aus.

HeLP:	Methode(n) und Begründung	Sozialform und Begründung	Zeiteinteilung	Was hat funktioniert? Was hat nicht funktioniert? Was könnte ich anders machen?
Aufgabe 1	**Methode/ Handlungsprodukt:** **Begründung:**	☐ Einzelarbeit ☐ Partnerarbeit ☐ Gruppenarbeit **Begründung:**	☐ Zeiteinteilung hat gepasst ☐ zu viel Zeit für die Aufgabe ☐ zu wenig Zeit für die Aufgabe **Grund:**	

Abb. Kurzreflexion des Lernprozesses

Die Reflexion sollte zunächst von den Lernenden selbst vorgenommen und idealerweise während des Arbeitsprozesses dokumentiert werden. Ein Peer-to-Peer-Gespräch und/oder ein Lehrkraft-Schüler/-in-Gespräch im Anschluss dienen der Unterstützung beim Einschätzen des eigenen Lernprozesses sowie der Ziehung von Konsequenzen.

Leitfragen hierzu könnten sein:

- Du hast Herausforderung XY angegeben. Hast du eine Idee, wie du diese in Zukunft meistern könntest?
- Wie hast du es geschafft, dich so zu organisieren, dass die Aufgabe kein Problem für dich war?

Selbstgesteuertes Lernen anzulegen und zu begleiten, erfordert aber auch von uns Übung und Wiederholung. Das Schülerfeedback ist dabei für uns unglaublich wertvoll.

Leitfragen könnten lauten:

- Wie hätte ich die Aufgabe formulieren müssen, um dir das selbstgesteuerte Arbeiten zu erleichtern?
- Was hätte dir geholfen im Bereich „Ressourcen"? (mehr/weniger/andere Materialien), „Arbeitszeiten" (länger/kürzer etc.)

Es gilt herauszufiltern, welche Inhalte ggf. von den Lernenden wiederholt werden müssen. Aber auch aufzuzeigen, was ihm oder ihr bei diesem HeLP-Plan besonders gut gelungen ist und wie der oder die Lernende dies auf seinen/ihren Lernprozess insgesamt übertragen kann, um ihn erfolgreicher zu gestalten. Aber auch der Blick auf mögliche Schwierigkeiten wird eröffnet und Lösungswege gesucht.

Unsere Kolleg/-innen handhaben die Arbeit mit dem Kurzreflexionsbogen je nach eigener Einschätzung unterschiedlich. Während einige die Zeit während Arbeitsphasen nutzen, um mit den Lernenden ins Gespräch über deren Arbeitsprozess und Kompetenzstand zu kommen, verlegen andere Lehrkräfte dies an das Ende der Bearbeitungszeit einer Aufgabe. Zu Beginn bedarf es der kontinuierlichen Erinnerung der Lernenden, den Kurzreflexionsbogen auszufüllen. Ein kleiner Tipp: Halten Sie das Ausfüllen des Bogens am Ende jeder Aufgabe (in der Spalte „konkrete Aufgabenstellung") fest. Nach kurzer Zeit wird diese Aufforderung nicht mehr nötig sein, da sich dieser Prozess automatisiert hat.

Praktiker/-innen denken gerade bei den letzten Punkten natürlich an den Mangel an Zeit, dem wir in der Praxis leider oft ausgesetzt sind. Vergessen Sie hierbei aber nicht, dass sich durch den Fokus auf selbstgesteuertes, eigenverantwortliches Arbeiten ihre Rolle verändert hat. Sie stehen nicht mehr vorrangig vor der Lerngruppe, um Sachverhalte zu erklären oder Tafelanschriebe zu machen. Sie haben in den Erarbeitungsphasen oftmals zeitliche Freiräume, die Sie genau für Gespräche dieser Art verwenden können.

WEBCODE

Die HeLP-Kurzreflexion finden Sie hier als Webcode zum Download:
cornelsen.de/codes
Code: yemifa

3.2 Das Handlungskompetenzraster

Die umfangreiche Förderung der verschiedenen Kompetenzbereiche wird in einem umfassenden Handlungskompetenzraster deutlich. Hierbei werden neben den Methodenkompetenzen bzw. digitalen Kompetenzen auch die erweiterten umfassenden Handlungskompetenzen in Form der Personal-, Sozial- und Fachkompetenz, die bei der Arbeit mit HeLP gefördert werden, ausgewiesen. Dieses Kompetenzraster wird jedem und jeder Lernenden zu Beginn der Arbeit mit HeLP ausgeteilt. Da es sich um eine detailreiche sehr große Abbildung handelt, ist sie in diesem Buch nicht komfortabel abzubilden. Das Handlungskompetenzraster ist deshalb downloadbar:

WEBCODE
Das Handlungskompetenzraster finden Sie hier als Webcode zum Download:
cornelsen.de/codes
Code: vebuwo

Mit kleinen Kreuzchen oder mit einem Textmarker kann der bzw. die Lernende und/oder die Lehrkraft Lernfortschritte notieren (ggf. versehen mit Datum).

Das Kompetenzraster bietet sich in Kombination mit den Kurzreflexionen als ideale Gesprächsgrundlage für die Reflexion des Lernfortschrittes an. Gleichzeitig können Kompetenzen, an denen der bzw. die Lernende noch verstärkt üben muss, hervorgehoben und thematisiert werden.

Als Gesprächsgrundlage mit der gesamten Klasse/dem gesamten Kurs ist es auch hilfreich, eine ausgedruckte Version in Postergröße in den HeLP-Klassen/-Kursen auszuhängen, um im Plenum bestimmte Kompetenzen zu thematisieren. Die Lernenden sind dadurch auch immer aufgeklärt, was der hintergründige Sinn des eigenverantwortlichen Arbeitens ist. Sie sind zu jedem Zeitpunkt über den Zuwachs ihrer Handlungskompetenzen informiert und können neue Ziele fokussieren und/oder bestimmte Kompetenzbereiche vertiefen.

Die vier Kompetenzbereiche Fach-, Sozial-, Personal- und Methodenkompetenz sind vom Einfachen zum Komplexen fortschreitend aufgebaut und formuliert (jeweils von links oben nach rechts unten zu lesen).

Zu Beginn der Arbeit mit HeLP bietet es sich an, für jede Aufgabe (oder auch für einen ganzen HeLP-Plan abhängig vom Umfang) eine Kompetenz (oder eine Kompetenz aus jedem der vier Kompetenzbereiche) mit der Klasse zu besprechen und ins Zentrum der Arbeit zu stellen. Z. B. kann eine Klasse, die noch wenig Erfahrung mit Internetrecherche gemacht hat, davon profitieren, die Methodenkompetenzen „Suchstrategien kennen“ und

„Relevante Quellen identifizieren und zusammenführen" gemeinsam in den Blick zu nehmen und zu besprechen.

Eine Möglichkeit wäre beispielsweise hierfür mehrere Onlineressourcen anzugeben und im Plenum zunächst zu besprechen. Was erwarten die Lernenden z. B. von einer Wikipedia-Seite? Gibt es hier mögliche Probleme, die bedacht werden müssen? Was klingt allein vom Namen her vertrauenswürdig, was nicht? Wie kann ich verifizieren, dass Quellen relevantes Fachwissen enthalten und keine Fehlinformationen? All diese Dinge gilt es anfangs zu thematisieren. Hier bietet sich in vielen Fällen auch eine Kooperation mit dem Fach Informationsverarbeitung/Informatik oder auch anderen Fächern an, in denen Quellenrecherche eine Rolle spielt. Es gibt aber auch spezielle Suchmaschinen, die für Kinder und Jugendliche einer bestimmten Altersgruppe gedacht sind und Inhalte vorsortieren, die man anfangs nutzen könnte. Weitere Informationen finden Sie im Kapitel 3.3.2 Kompetenzbereich „Suchen, Verarbeiten, Aufbewahren".

3.3 Exkurs Medienkompetenz

Die Förderung der Medienkompetenz ist zentral in der Arbeit mit HeLP, weshalb ich ihr ein eigenes Kapitel widme. Nicht nur bei der eigenständigen, ergänzenden Recherche nach Ressourcen, sondern auch bei der Wahl des (meist digitalen) Handlungsprodukts haben die Lernenden zu begründende Entscheidungen zu treffen. Dieser starke Fokus auf das Digitale hat nichts mit einer „Spielerei" mit neuen Technologien zu tun, sondern findet seine Grundlage in der geforderten Ausbildung der Medienkompetenz. Die Kultusministerkonferenz schreibt hierzu:

> *„Die ‚digitale Revolution' macht es (…) erforderlich, (…) verbindliche Anforderungen zu formulieren, über welche Kenntnisse, Kompetenzen und Fähigkeiten Schülerinnen und Schüler am Ende ihrer Pflichtschulzeit verfügen sollen, damit sie zu einem selbstständigen und mündigen Leben in einer digitalen Welt befähigt werden."* (Kultusministerkonferenz, 2017, S. 6)

Weiterhin werden zwei Forderungen konkret formuliert:

> *„1. Die Länder beziehen in ihren Lehr- und Bildungsplänen sowie Rahmenplänen, beginnend mit der Primarschule, die Kompetenzen ein, die für eine aktive, selbstbestimmte Teilhabe in einer digitalen Welt erfor-*

derlich sind. Dies wird nicht über ein eigenes Curriculum für ein eigenes Fach umgesetzt, sondern wird integrativer Teil der Fachcurricula aller Fächer. Jedes Fach beinhaltet spezifische Zugänge zu den Kompetenzen in der digitalen Welt durch seine Sach- und Handlungszugänge. Damit werden spezifische Fach-Kompetenzen erworben, aber auch grundlegende (fach-)spezifische Ausprägungen der Kompetenzen für die digitale Welt. Die Entwicklung der Kompetenzen findet auf diese Weise (analog zum Lesen und Schreiben) in vielfältigen Erfahrungs- und Lernmöglichkeiten statt.
2. Bei der Gestaltung von Lehr- und Lernprozessen werden digitale Lernumgebungen entsprechend curricularer Vorgaben dem Primat des Pädagogischen folgend systematisch eingesetzt. Durch eine an die neu zur Verfügung stehenden Möglichkeiten angepasste Unterrichts-gestaltung werden die Individualisierungsmöglichkeit und die Übernahme von Eigenverantwortung bei den Lernprozessen gestärkt.“
(ebd. S. 6f.)

Diesen Forderungen entsprechen wir mit der Arbeit mit HeLP. Glücklicherweise haben viele Schulen, auch beflügelt durch die Corona-Pandemie, bereits ausgeklügelte Medienkonzepte entwickelt, die man für die Arbeit mit HeLP sehr gut nutzen kann.

Was sind nun aber digitale Kompetenzen, die die Lernenden erwerben sollen? Wir werfen einen Blick auf den Kompetenzrahmen der Kultusministerkonferenz und untersuchen ihn hinsichtlich seiner Bedeutung für die Arbeit mit HeLP.

3.3.1 Der KMK-Kompetenzrahmen – Bildung in der digitalen Welt

Wenn man die Übersicht der Kultusministerkonferenz bezüglich der „Kompetenzen in der digitalen Welt“[2] betrachtet, so wird einem bewusst, in wie viele Kompetenzbereiche sich die digitale Kompetenz auffächert. Will man die Lernenden auf einen kompetenten Umgang mit digitalen Medien vorbereiten und sie hinführen, so müssen alle Teilbereiche beachtet und im

2 Hier ist die Übersicht „Kompetenzen in der digitalen Welt“ der Kultusministerkonferenz komfortabel im Internet anzuschauen: https://www.kmk.org/fileadmin/Dateien/pdf/PresseUndAktuelles/2017/KMK_Kompetenzen_-_Bildung_in_der_digitalen_Welt_Web.html

Unterricht gefördert werden. Durch die Arbeit mit HeLP können diese, neben dem im vorherigen Kapitel aufgeführten Erwerb der Fach-, Sozial- und Personalkompetenzen, umfänglich gefördert werden. Im Folgenden nehmen wir die Kompetenzbereiche, die die Kultusministerkonferenz ausweist, gemeinsam mal näher in den Blick.

3.3.2 Kompetenzbereich „Suchen, Verarbeiten, Aufbewahren"

Wir schauen uns zunächst den Kompetenzbereich „Suchen, Verarbeiten und Aufbewahren" an.

Der KMK-Kompetenzrahmen unterscheidet in diesem Kompetenzbereich die drei Teilaspekte „Suchen und Filtern", „Auswerten und Bewerten" sowie „Speichern und Abrufen". Allen dreien kommt im Unterricht eine herausragende Bedeutung zu:

In der Arbeit mit HeLP gibt die Lehrkraft in der Ressourcenspalte zu Beginn eine Vielzahl an Quellen an. Diese reichen von Seitenangaben im eingeführten Lehrwerk und bereitgestellten Texten und Arbeitsblättern bis zu Internetquellen. Die Schüler/-innen informieren sich somit zunächst unter einer stärkeren Anleitung mithilfe von Medien.

Im Sinne der Stärkung dieses Kompetenzbereiches ist es jedoch zwingend notwendig, Lernenden im Laufe der Zeit immer mehr eigene Möglichkeiten zur Recherche von Quellen zu geben, bis zur selbstständigen komplexen Medienrecherche. Dies stärkt die Eigenverantwortung und die Fähigkeit zur Selbstorganisation, was essenzielle Ziele von selbstgesteuertem Lernen darstellt.

Somit gilt folgender Grundsatz: Je versierter Lernende in der Arbeit mit HeLP sind, desto weniger Gerüst benötigen sie, ergo weniger von der Lehrkraft angegebene Quellen.

Wie kann das praktisch im Unterricht aussehen?

Für Schüler/-innen, die noch ungeübt im Umgang mit Internetrecherche sind, bietet sich folgende Vorgehensweise an:

1. Ein Video mit Schüler/-innen zum Thema „Wie funktioniert eine Suchmaschine?" abspielen und thematisieren (Vorschläge für passende Videos abhängig von der Altersgruppe finden Sie beispielsweise auf YouTube oder über die gängigen Suchmaschinen)
2. Die erste(n) Aufgabe(n) im HeLP-Plan mit einer Rechercheaufgabe versehen; in der Ressourcenspalte hierzu das Video verlinken, ggf. auch weitere Ressourcen hinzufügen

Es gibt unzählige gute Quellen zum Thema „Internetrecherche". Viele Schulen haben hierzu auch eigene Informationen, die sie beispielsweise an Methodentagen nutzen und deren Thematisierung sich hier noch einmal anbietet. Das Fach Informationsverarbeitung/Informatik leistet in diesem, wie auch in allen anderen Kompetenzbereichen, eine hervorragende Grundlagenarbeit und Unterstützung. Aber auch Cornelsen bietet hierzu, v. a. für die Arbeit mit jüngeren Schüler/-innen, online Empfehlungen an, die Sie auf der Webseite des Verlags[3] finden können.

Bitte achten Sie unbedingt auf eine Anpassung an ihre Lerngruppe. Ältere Lernende kennen sich in der Regel schon recht gut mit der Online-Recherche aus. Hier ist es eher wichtig, auf Themen wie Quellenkritik und Schulung der Recherchefähigkeit bzw. den Ausbau von Kenntnissen einzugehen. Auch hierzu existieren beispielsweise Videos, die Sie im HeLP-Plan verlinken können. Gerade im Zeitalter der sogenannten Fake News ist es wichtig, die Lernenden dafür zu sensibilisieren, welche Inhalte sie als Grundlage für ihre Recherchearbeit nehmen. Hier eignet sich beispielsweise auch eine Absprache mit Fächern wie Deutsch, Sozialkunde oder auch Ethik, um diese Thematik aufzugreifen. Die Erfahrung zeigt, dass eine grundlegende Haltung im Unterricht, die verlangt, dass alle Quellen, egal ob Text oder Bild, richtig angegeben und zitiert oder paraphrasiert werden müssen, von den Schüler/-innen verinnerlicht wird. Dadurch schärft sich auch automatisch der kritische Blick auf die Quellenvielfalt. Was kann und darf ich nutzen? Wie verifiziere ich die Informationen, die mir eine bestimmte Quelle nennt? Die aktive Auseinandersetzung mit diesen und ähnlichen Fragen schulen genau diesen Teilbereich der Medienkompetenz. Die Lehrkraft muss sich hier aber zwingend ihrer Vorbildfunktion bewusst sein und mit gutem Beispiel vorangehen.

3.3.3 Kompetenzbereich „Kommunizieren und Kooperieren"

Der Kompetenzbereich „Kommunizieren und Kooperieren" unterteilt sich in die Unterbereiche „Interagieren", „Teilen", „Zusammenarbeiten", sowie „Umgangsregeln kennen und einhalten" und „An der Gesellschaft aktiv teilhaben". Die Arbeit mit HeLP fördert diese Bereiche ganz speziell, da die gemeinsame Interaktion in vielen Fällen der gewählte Weg der Lernenden zur Zielerreichung ist. Auch wenn Lernende bei HeLP in den meisten Fällen selbst entscheiden können, in welcher Sozialform sie arbeiten (s. Kap. 2.5 Sozialform), ein Austausch mit Mitschülern/-innen findet erfahrungsgemäß immer statt. Auch diejenigen, die sich für eine Einzelarbeit entschieden haben, kommunizieren mit den anderen, da sie sich oftmals Feedback von

3 Internetrecherche für Kinder: https://www.cornelsen.de/magazin/beitraege/das-kleine-abc-der-internetrecherche-fuer-kinder

diesen zu ihrem Arbeitsergebnis einholen und hierfür Dateien teilen und analog sowie digital kommunizieren. Entscheiden sie sich für eine Partner- oder Gruppenarbeit, so liegen die Fördermöglichkeiten dieses speziellen Kompetenzbereichs auf der Hand. Die digitale Welt bietet einen großen Handlungsspielraum für kollaboratives Arbeiten. Eine Vielzahl digitaler Kommunikationsmittel lädt Schüler/-innen zu gemeinsamen Arbeiten ein.

Hierbei ist wichtig, dass Schüler/-innen lernen, wie sie diese Medien möglichst effektiv nutzen können, um neben der reinen Kommunikation auch ein gemeinsames Handlungsprodukt zu erstellen. Meist findet das kollaborative Arbeiten direkt im Medium selbst statt, das dann wiederum für das Präsentieren und Produzieren genutzt wird (s. Kap. 3.3.4 Kompetenzbereich „Produzieren und Präsentieren").

Bei Schulen, die in mehreren Fächern mit HeLP arbeiten, bietet es sich an, nach und nach eine eigene Methoden-/Handlungsprodukt-Bibliothek diesbezüglich zu erstellen und den Lernenden zugänglich zu machen. Dies garantiert ein einfacheres Arbeiten. So kann man eine Anleitung zum Gebrauch eines bestimmten Handlungsprodukts direkt auch mit einem Bewertungsraster versehen. Dies macht es allen Beteiligten einfach, die Anforderungen abschätzen zu können. Wenn die Methodenbibliothek Platz auf der Schulwebsite bekommt, so könnte sie auch noch mit Best-Practice-Beispielen verlinkt werden, um eine noch bessere Anschaulichkeit zu erreichen. Am Anfang reicht aber auch eine Verlinkung einer digitalen Methodenbank in der Ressourcenspalte des HeLP-Plans, um die Lernenden auf die Vielzahl der digitalen Tools aufmerksam zu machen.

Man kann auch, wenn es die Zeit zulässt, beispielsweise anfangs eine Gruppenarbeit anlegen, bei der die Lernenden arbeitsteilig zu verschiedenen digitalen Tools recherchieren und sich diese anschließend gegenseitig vorstellen. Wenn Sie „Tools für kollaboratives Lernen" oder „digitale Tools" in eine Suchmaschine eingeben, werden Sie hierzu schnell fündig. Auch das Schaffen einer kurs-/klasseneigenen Methodendatenbank, wie bereits in Kapitel 2.4 erwähnt, könnte eine Unterstützung für die Lernenden in der Kompetenzschulung in diesem speziellen Bereich darstellen.

Die Befolgung adäquater Kommunikationsregeln sollte in der Arbeit mit digitalen Medien explizit eingefordert werden. Die Lernenden müssen dafür sensibilisiert werden, dass auch in der digitalen Kommunikation Gesprächsregeln eingehalten werden müssen. Ggf. bietet es sicher hier, je nach Alter der Lerngruppe, auch an, ein Regelwerk für die digitale Kommunikation gemeinsam mit den Lernenden zu erstellen.

3.3.4 Kompetenzbereich „Produzieren und Präsentieren"

Der nächste Kompetenzbereich „Produzieren und Präsentieren" unterteilt sich in die Teilbereiche „Entwickeln und Produzieren", „Weiterverarbeiten und Integrieren" sowie „Rechtliche Vorgaben beachten". Diese Teilaspekte hängen inhaltlich sehr eng mit dem Kompetenzbereich „Kommunizieren und Kooperieren" zusammen, da das Medium, das zur Kooperation genutzt wird, meist ebenfalls zur Präsentation der Ergebnisse dient.

Hierbei ist wichtig zu beachten, dass diese keinen üblichen „Referatscharakter" haben. Es kommt vielmehr darauf an, Schüler/-innen zu befähigen, ein Handlungsprodukt vorzustellen und ihre Vorgehensweise Step-by-Step zu erklären. Sie erläutern die erarbeiteten fachlichen Inhalte, aber auch ihre Gedankengänge bei der Auswahl und Entwicklung ihres Handlungsprodukts und öffnen den Raum für Nachfragen anderer Lernender. Dies ist erfahrungsgemäß sehr wertvoll, da dies die Neugier der Lernenden für neue Lernprodukte anfacht, die diese dann ihrerseits ausprobieren wollen. Die Integration verschiedener Formate, die digital deutlich leichter umzusetzen sind als analog, eröffnet einen differenzierten Blick auf den Lerngegenstand. So nutzen die Lernenden beispielsweise gerne ergänzende Videos, die sie mit ihrem Handlungsprodukt verlinken oder nutzen eine Lernkontrolle, die sie z. B. mit einem QR-Code in ihrem Handlungsprodukt festhalten, die noch einmal die wichtigsten Punkte aufgreift und abfragt (z. B. durch ein selbst erstelltes Quiz bei Kahoot!, QuizAcademy oder ähnlichen digitalen Tools.

Durch die Präsentationen verschiedener Handlungsprodukte im Plenum eröffnet sich somit ein multimedialer und -perspektivischer Blick auf die fachliche Materie, was zur Vertiefung und Nachhaltigkeit des Gelernten beiträgt. Ein graphisch aufbereitetes Handlungsprodukt ergänzt den Fließtext, die MindMap veranschaulicht die PowerPoint-Präsentation etc. Aber auch ein analog erstelltes Plakat kann digital erstellte Handlungsprodukte der Mitschüler/-innen wunderbar ergänzen. Erfahrungsgemäß führt dieser multiperspektivische Blick des Lerngegenstands oftmals zu Aha-Effekten bei den Lernenden.

3.3.5 Kompetenzbereich „Schützen und sicher Agieren"

Beim Kompetenzbereich „Schützen und sicher Agieren" stehen die Aspekte „Sicher in digitalen Umgebungen agieren", „Persönliche Daten und Privatsphäre schützen", „Gesundheit schützen" und „Natur schützen" im Vordergrund. Hierbei handelt es sich um einen äußerst wichtigen Kompetenzbereich, der nicht vernachlässigt werden darf. Der Schutz der Privatsphäre ist unumgänglich, aber auch die Vermeidung von Suchtgefahr im Umgang mit digitalen Medien ist zu thematisieren.

Dankenswerterweise existiert auch für diesen Themenbereich eine große Anzahl an Handreichungen von Institutionen, die sich um die Sicherheit im Internet kümmern. Das Serviceportal Baden-Württemberg bietet hierfür beispielsweise eine sehr umfangreiche Liste auf seiner Webseite an.

Oftmals gibt es gerade zu diesem Kompetenzbereich spezielle Schulungen für die Lernenden, die unabhängig von den Fächern im Rahmen von Methodenwochen durchgeführt werden. Dennoch sollte dieses Thema bei der Arbeit mit HeLP immer präsent sein. Erstellen Lernende beispielsweise ein Lernvideo, auf dem sie oder ihre Mitschüler/-innen zu sehen sind, ist dies Anlass, um über die Privatsphäre in digitalen Umgebungen zu sprechen.

Manche Schulen haben das große Glück, Medienpädagog/-innen als wertvolle Unterstützung zu haben. Sprechen Sie diese an, denn sie haben aller Wahrscheinlichkeit nach gerade zu diesem Thema eine Fülle an Materialien, die sie nur zu gerne teilen.

3.3.6 Kompetenzbereich „Problemlösen und Handeln"

Beim Kompetenzbereich „Problemlösen und Handeln" geht es um das Finden von Problemlösungen, den bedarfsgerechten Einsatz von digitalen Werkzeugen und den kompetenten Einsatz digitaler Medien allgemein. Viele dieser Kompetenzen werden an Schulen im gesonderten Informationsverarbeitungs- bzw. Informatikunterricht erarbeitet. In der Arbeit mit HeLP wenden die Schüler/-innen die erlernten Techniken an.

Für Einsteiger/-innen (Orientierungsstufe) muss anfangs kleinschrittig vorgegangen werden, da nicht davon ausgegangen werden kann, dass jede/-r weiß, wie man einen PC oder ein Tablet bedient.

Eine Vielzahl von Videos auf YouTube können auch hierbei unterstützen oder man bittet einen Kollegen oder eine Kollegin der entsprechenden Fachrichtung, auszuhelfen, um den Einsteiger/-innen die Grundlagen beizubringen.

Fächerübergreifendes Arbeiten ist hier wünschenswert, da beispielsweise Themen wie „Technikhörigkeit der Welt", die zu diesem Kompetenzbereich gehören, auch etwa im Ethikunterricht thematisiert werden könnten.

Bei älteren Lernenden nutze ich gerne die Peer-to-Peer-Hilfe. Erfahrungsgemäß findet sich immer jemand, der einer Mitschülerin bzw. einem Mitschüler bei einem spezifischen Problem mit dem technischen Gerät helfen kann. Dies entlastet einerseits mich als Lehrende, andererseits trägt die Hilfe untereinander zur Förderung der Sozialkompetenzen und der Nachhaltigkeit dieses Wissensbereichs bei. Findet sich keine Lösung, wird das Problem online recherchiert, was in den allermeisten Fällen zum Erfolg führt und ebenfalls zur Kompetenzerweiterung beiträgt.

3.3.7 Kompetenzbereich „Analysieren und Reflektieren"

Der letzte Kompetenzbereich „Analysieren und Reflektieren" ist stark mit den anderen Kompetenzbereichen verwoben. Im Zentrum steht hier das Entwickeln einer kritischen Haltung, die auf einer Auseinandersetzung mit den Medien sowie einer Wertung dieser, aber auch auf dem eigenen Medienverhalten beruht (vgl. Hessische Lehrkräfteakademie, 2022)

So muss beispielsweise bereits im Bereich „Produzieren und Präsentieren" eine Auswahl von Medien stattfindet, die im Vorfeld auf ihre Zweckmäßigkeit überprüft werden müssen. Allerdings geht es hier noch einen Schritt weiter, da eine nachfolgende Reflexion beim Einsatz digitaler Medien unerlässlich ist.

Bei der Arbeit mit HeLP können die Lernenden, wie bereits ausgeführt, in den meisten Fällen ihre Handlungsprodukte, mithilfe derer sie ihre Ergebnisse darstellen, frei wählen. Dies dient genau dem Erwerb dieses Kompetenzteilbereichs. Dabei ist es unerlässlich, die Schüler/-innen nach dem Warum? und der Zweckmäßigkeit zu fragen. Die Kurzreflexion, die parallel zur Bearbeitung der Aufgaben auszufüllen ist, leitet die Lernenden zu dieser Reflexion an (s. Kap. 3.1 Kurzreflexion).

Nach Präsentationen von Schülerergebnissen ist es kompetenzförderlich, beispielsweise folgende Fragen zu stellen:

- Warum hast du dich für diese Form des Handlungsprodukts entschieden?
- Welche Alternativen hätte es gegeben?
- Würdest du diese Entscheidung noch einmal so treffen? Warum ja/ warum nein?
- Nachdem du die anderen Handlungsprodukte deiner Mitschüler/-innen gesehen hast, könntest du dir eine Alternative vorstellen?
- Was hat funktioniert? Was hat nicht funktioniert? Könntest du bestimmte Baustellen im Arbeitsprozess das nächste Mal vermeiden? Wie?
- etc.

Besonderheiten bei der Arbeit mit HeLP

HeLP bietet viele verschiedene Möglichkeiten, die je nach Schulform, Fach und Ausstattung der Schule unterschiedlich genutzt werden können. Wir stellen Ihnen einige dieser Besonderheiten vor, möchten Sie aber dazu ermuntern, gerne selbst kreativ bei der Nutzung der Möglichkeiten zu werden.

4.1 Fachspezifische Besonderheiten

HeLP lässt sich auch gut im Fremdsprachenunterricht einsetzen, wobei die Variabilität von HeLP-Plänen in der Unterstufe, verglichen mit denen in der Mittel- und Oberstufe, entsprechend groß ist.

Eine Anfängerklasse kann HeLP-Pläne mit sehr kurzen Lernaufgaben in der Fremdsprache bekommen, ergänzt durch konkrete Aufgabenstellungen, die in der Muttersprache formuliert sind. Längere Plenumsgespräche können im HeLP-Plan ebenso vermerkt werden, da diese im Sprachunterricht unerlässlich sind.

Mittel- und Oberstufenschüler/-innen können je nach Fortschritt in ihren fremdsprachlichen Kenntnissen jedoch durchaus auch komplexere HeLP-Pläne bekommen. Die Lernenden sollten während der Arbeitsphase dazu angehalten werden, miteinander in der Fremdsprache zu kommunizieren, was jedoch auch im Regelunterricht der Fall ist.

Im Fremdsprachenunterricht werden meist eingeführte Bücher verwendet, die Sie in der Ressourcenspalte natürlich unter Angabe der Seiten angeben können. Einen Beispiel-HeLP-Plan im Fach Englisch aus der Arbeit in der Oberstufe finden Sie im Kap. 7.2.3.

4.2 Klassen-/kursübergreifendes Arbeiten

Liegen zwei Klassen bzw. Kurse mit dem gleichen Fach parallel im Stundenplan, so eröffnet dies eine wunderbare Möglichkeit zum gemeinsamen Arbeiten.

An der BBS II Wirtschaft und Soziales liegen beispielsweise sämtliche Leistungskurse des gleichen Fachs parallel in der Stundentafel. Somit arbeiten die beiden Leistungskurse Pädagogik zur gleichen Zeit am gleichen HeLP-Plan. Zur Einführung einer Aufgabe, sowie zur Konsolidierung treffen sich beide Kurse in einem Raum, was bei den Lernenden auch ein großes Sicherheitsgefühl auslöst, können sie sich doch zu 100 % sicher sein, dass der andere Kurs nicht, wie so oft von Schüler/-innen befürchtet, „weiter“ ist oder „mehr Stoff gemacht“ hat. Auch die Anzahl an Handlungsprodukten steigt an, sodass v. a. bei kleineren Kursen eine größere Variabilität erreicht werden kann.

Während der Arbeitsphasen erlauben wir den Lernenden auch kursübergreifend zu arbeiten. Wir deklarieren oft einen Raum als Stillarbeitsraum, während der andere als Gruppenarbeitsraum dient. Die Schüler/-innen können sich somit in einem frei wählbaren Lernraum aufhalten, es gibt aber immer eine Lehrkraft als direkten Ansprechpartner im Raum.

Entscheiden sich Lernende aus unterschiedlichen Kursen ein gemeinsames Handlungsprodukt für eine Benotung abzugeben, so ermöglicht der Blick von vier Lehrkraftaugen eine möglichst objektive Bewertung (s. auch Kap. 8 Notengebung).

Es wäre aber auch erstrebenswert, eine fächerübergreifende Arbeit mithilfe des HeLP-Konzepts zu erreichen. So könnten sich verschiedene Fächer oder Lernbereiche auf eine gemeinsame Lernsituation einigen. Dies würde wiederum den Lernenden ermöglichen, die Fächer in ihrer alltags- und/ oder berufsrelevanten Anwendung zu begreifen, was wiederum der Handlungskompetenz zugutekommt. Lernende beklagen sich oft, dass sie den Inhalt eines bestimmten Faches als viel zu abstrakt erleben. Eine Einbettung der Themen in eine berufliche Situation kann hier Abhilfe schaffen und Sinn stiften.

Weiterhin ließen sich geisteswissenschaftliche Fächer wie Pädagogik und Psychologie sehr gut mithilfe von HeLP kombinieren. Die Trennung der Fächer ist künstlich und in der Realität sind diese eng verzahnt. Dasselbe gilt für die Lernbereiche in den Höheren Berufsfachschulen und der Berufsschule. Genau hier könnte HeLP ansetzen und diese künstliche Trennung überbrücken.

Ein weiterer positiver Aspekt der fächerübergreifenden Arbeit wäre, dass verschiedene Lehrkräfte die Arbeit an der gleichen Lernsituation mitgestalten. Da jede/-r Lehrende unterschiedliche Zugangswege für die Lernenden zur Verfügung stellen kann, erweitert dies die Arbeitsmöglichkeiten des/ der Lernenden stark. Im Regelunterricht müssen die Lernende mit dem, was ihnen ihre Lehrkraft zur Verfügung stellt, auskommen. Können sie mit dieser Quelle nichts anfangen, haben sie ein großes Problem. Nun aber stünde eine Vielzahl von Quellen zur Verfügung, die von verschiedenen Lehrkräften gestaltet wurden. Dies erhöht die Wahrscheinlichkeit, dass eine passende Ressource für alle Lernenden mit ihren individuellen Lernwegen gefunden werden kann. Die Heterogenität der Lehrer/-innen würde somit die Heterogenität der Schüler/-innen bedienen. An der BBSII Wirtschaft und Soziales haben wir uns aufgemacht, diesen nächsten Schritt zu gehen und es werden im Moment erste fächerübergreifende Lernsituationen formuliert.

Weiterhin bietet die Arbeit mit HeLP die Möglichkeit, Stundenausfall aufgrund von Erkrankung oder Ausfall der Lehrkraft, wenn diese z. B. auf Fortbildung ist, zu kompensieren. Jede/-r Lernende hat ein festes Arbeitspensum vorgegeben und kann in Stunden, in denen keine Lehrkraft zur Verfügung steht, an diesem arbeiten. Somit wäre das Wort „Entfall" im Vertretungsplan obsolet. Selbst in Stunden, für die kein eigener HeLP-Plan zur Verfügung steht, könnte Arbeit an den HeLP-Plänen anderer Fächer geleistet werden.

Dies ist natürlich auch vom Alter der Lernenden abhängig. Eine Vertretung wird grundsätzlich allerdings einfacher, da kein zusätzlicher Unterrichtsstoff vorbereitet werden muss, sondern den Lernenden die Weiterarbeit am bereits gegebenen HeLP-Plan ermöglicht wird. Dies wiederum entlastet die vertretenden Kolleg/-innen.

4.3 Raumplanung und alternative Lernräume

Es empfiehlt sich, wenn möglich, mehrere Lern-/Arbeitsräume zur Verfügung zu stellen. Es ist sinnvoll, die Schüler/-innen aus der typischen Klassenraumbindung zu entlassen und ihnen ein freieres Arbeiten in Schüler/-innenarbeitsräumen, PC-Räumen etc. zu ermöglichen. Dies kann alternativ auch ein nahegelegenes leeres Klassenzimmer sein. Die Lehrkraft ist hier natürlich in der Pflicht, sich als Ansprechpartner/-in und Beobachter/-in des Lernprozesses zwischen den einzelnen Räumlichkeiten zu bewegen und muss die Anforderungen der Aufsichtspflicht in Abhängigkeit vom Alter der Lerngruppe bedenken.

Die freie Raumwahl hilft den Lernenden bei der Nutzung unterschiedlicher Hilfsmittel (PC, Bibliothek etc.) zur Erstellung eines gewählten Handlungsprodukts. Weiterhin trägt dies ebenfalls zur Erhöhung der Motivation bei, da Lernende wiederum eigene Entscheidungen treffen können.

Das Bereitstellen eines PC-Raums/iPad-Raums zusätzlich zum Klassenzimmer bietet sich da an, wo Lernende über keine oder wenige eigene digitale Endgeräte verfügen.

Vielleicht gibt es in der Schule sogar Möglichkeiten, alternative Lernräume anzubieten? An der BBS II Wirtschaft und Soziales wurde solch ein alternativer Lernraum geschaffen. Eine räumliche Trennung durch eine Glaswand ermöglicht die Einteilung des großzügig geschnittenen Raums in einen Einzel- und einen Gruppenarbeitsraum. Hohe Tische mit Barhockern wechseln sich mit Tischgruppen und Sitzbällen ab, sodass die Lernenden eine möglichst große Auswahl an Arbeitsmöglichkeiten bekommen. Dies trägt enorm zum Wohlfühlfaktor und somit zur Motivation im Lernprozess bei.

Leider sind die Möglichkeiten, die wir an Schulen vorfinden, oftmals jedoch begrenzt. Aber mit ein wenig Fantasie lässt sich auch hier Einiges schrittweise verändern. Schiebbare Präsentationswände können den Raum in unterschiedliche Arbeitsbereiche einteilen. Die Tischanordnung selbst bietet auch eine Vielzahl an Möglichkeiten.

Wir möchten aber betonen, dass für die Arbeit mit HeLP auch ein normaler Klassenraum ausreicht. Die Erfahrung zeigt, dass sich bei einem längeren Arbeiten mit HeLP und bei der Einbindung von Kolleg/-innen oftmals Möglichkeiten ergeben. Hierfür ist ein wenig Geduld, aber auch Innovationsgeist gefordert.

Momentan ist an meiner Schule in Planung, die Kurse und Klassen in denen mit HeLP gearbeitet wird, räumlich um einen gemeinsam nutzbaren Bibliothek-/Mediathekraum zu gruppieren und dort mit dem Prinzip der offenen Türen zu arbeiten. Dies würde nicht nur eine kursübergreifende Arbeit ermöglichen, sondern auch eine schulform- und fachübergreifende Arbeit anlegen, bei der viele Synergieeffekte genutzt werden können und die Schulgemeinschaft gestärkt wird. Oftmals finden sich Überschneidungen in den Lehrplänen, die hier genutzt werden können. So kommt das Thema „Hirnentwicklung" sowohl im Fach Pädagogik, Gesundheit und Psychologie am beruflichen Gymnasium vor, was eine Vernetzung ermöglicht. Auch jahrgangsübergreifendes Arbeiten mit einer verstärkten Peer-to-Peer-Unterstützung wäre anlegbar und möglich. So können Lernende aus einem Leistungskurs sicherlich inhaltlich auch Jüngeren fachlich helfen, aber diese auch durch ihre mehrjährige Expertise im selbstgesteuerten Lernen bei der Planung des Arbeitsprozesses unterstützen. Auch im Bereich der Berufsschule oder innerhalb der Höheren Berufsfachschulen gibt es thematische Überschneidungen innerhalb der ausgewiesenen Lehrbereiche und Fächer, wo Synergieeffekte genutzt werden können. Auf einer HeLP-Etage wäre auch der Krankheitsausfall eines Kollegen/einer Kollegin leichter zu kompensieren, da man das Prinzip der offenen Türen nutzen kann und die Klasse von den anderen Kolleg/-innen auf der Etage mitbetreut werden kann. Auch wenn fachlich vielleicht nicht immer geholfen werden kann, so hat doch jeder Kollege/jede Kollegin, die mit HeLP arbeitet, das Know-how, die Lernenden bei der Planung ihrer Lernprozesse zu unterstützen oder ihnen bei Rechercheaufgaben Unterstützung zu bieten.

Bei all dem Potenzial, das die Arbeit mit HeLP bietet, sollte aber nicht vergessen werden, dass das Konzept auch im Kleinen funktioniert. So reichen schon ein Klassenraum und eine Lehrkraft, die bereit ist, sich auf den Weg zu machen, die Lernenden zur Übernehme von Eigenverantwortung für deren Lernprozesse anzuleiten.

Die Praxis-Einführung von HeLP

5

Lernende an selbstgesteuertes Lernen heranzuführen, kann zu jedem Zeitpunkt ihrer Schullaufbahn funktionieren. Selbst Zwölft- oder Dreizehntklässler/-innen, die keinerlei Erfahrungen mit dieser Art des Lernens haben, profitieren in den letzten beiden Jahren ihrer Schullaufbahn noch enorm vom HeLP-Konzept. Es bereitet sie auf ihr Berufs-, bzw. Universitätsleben vor und die größere Nachhaltigkeit der Lerninhalte stellt eine optimale Prüfungsvorbereitung dar (s. Kap. 9 Fazit). Das gleiche gilt für Berufs- und Fachschüler/-innen. Auch hier hat sich die Nachhaltigkeit der Lerninhalte gezeigt. Je jünger die Lernenden, desto optimaler natürlich, denn einmal gelernt, ist selbstgesteuertes Lernen universal einsetzbar.

5.1 Einstieg mithilfe eines Einführungsmoduls

Zu Beginn der Arbeit mit dem HeLP-Konzept bietet es sich an, ein Einführungsmodul mit den Lernenden durchzuführen.

Hier greifen wir das Prinzip „Learning by Doing" auf, bzw. nutzen den pädagogischen Doppeldecker, indem sich die Lernenden die Methode mithilfe der Methode erarbeiten. Sie bekommen folglich einen kurzen HeLP-Plan, der ihnen in der ersten Aufgabe das Prinzip des selbstgesteuerten Lernens sowie mögliche Vorteile und Herausforderungen (Aufgabe 2) näherbringt. Das Ganze wird in einen ersten HeLP-Plan verpackt, was den Lernenden das HeLP-Konzept selbst vermittelt. Hierfür braucht es oftmals nicht mehr als 90 Minuten, da HeLP sehr intuitiv ist. Diese Entscheidung würde ich allerdings von meiner Lerngruppe abhängig machen.

Das Einführungsmodul ist fächerunabhängig und dient somit als Grundlage für den Einsatz von HeLP in verschiedenen Fächern. An meiner Schule führen wir es im Normalfall in der ersten Schulwoche im Rahmen einer Methodenwoche durch. Es kann aber jederzeit auch im Unterricht eingesetzt werden, da wir auf einen zeitlich begrenzten Rahmen geachtet haben. Wenn Ihrer Lerngruppe das Prinzip des selbstgesteuerten Lernens bereits bekannt ist, können Sie natürlich auch direkt mit einem kurzen HeLP-Plan starten. Ein Beispiel für die Unterstufe finden Sie in Kapitel 6.1, ein Beispiel für die Oberstufe in Kapitel 6.3.6.

Für die ersten HeLP-Pläne im Unterricht ist es wichtig, sie nicht zu überladen. Kurze Lernsituationen und Lernaufgaben mit überschaubarem Zeitansatz und überschaubaren Materialien helfen den Lernenden sich mit dieser für sie neuen Art des Lernens zurechtzufinden. Mit der Zeit ist es möglich, die Pläne immer komplexer werden zu lassen, auch hier wieder natürlich in Abhängigkeit von der Lerngruppe. HeLP-Pläne in der Oberstufe können somit durchaus Arbeitsphasen von mehreren Wochen umfassen (s. Beispiele in Kap. 7.2.2).

Als Lehrkraft, die neu mit HeLP arbeitet, ist das Feedback am Ende jedes HeLP-Plans ebenfalls sehr wichtig, um die Arbeit für sich zu optimieren (s. Kap. 2.7 Orga/Feedback). Dank der intuitiven Anlage von HeLP stellt sich erfahrungsgemäß in relativ kurzer Zeit eine Routine beim Erstellen der Pläne ein. Bald verfügt man über ein größeres Kontingent an Plänen, die sich für die Folgejahre als Grundlage nutzen lassen. Neue Texte und Arbeitsblätter ersetzen in der Kategorie „Ressourcen" schnell die alten, Lernaufgabe und Aufgabenstellung sind flott an die neue Lerngruppe angepasst. Somit lohnt sich die Investition der anfänglich möglicherweise etwas höheren Einarbeitungszeit später enorm. Nicht zu vergessen ist der Mehrwert für uns Lehrende: HeLP ermöglicht uns ein viel individuelleres Arbeiten mit den Lernenden, eine Tatsache, die vorher oftmals nicht möglich war und die die Berufszufriedenheit deutlich steigern kann. Auch die gesparte Zeit in der Schlange im Kopierraum ist von Vorteil, ganz abgesehen von den positiven Umweltaspekten, da deutlich weniger kopiert werden muss.

5.2 Das Einführungsmodul

Exemplarisch stelle ich Ihnen in diesem Kapitel einen möglichen HeLP-Plan für das Einführungsmodul vor. Zunächst beschreibe ich Ihnen, wie Sie ganz konkret vorgehen können, um mit diesem Plan zu arbeiten, bevor sie ihn sich ab S. 61 anschauen. Zum Abschuss des Kapitels finden Sie einen Kurzüberblick über den Ablauf des Einführungsmoduls.

WEBCODE

Hier finden Sie eine Vorlage für das HeLP-Einführungsmodul als Webcode zum Download:

cornelsen.de/codes

Code: huzipa

5.2.1 Lernsituation

Die Lernsituation darin passe ich an die jeweilige Klasse an. Damit hole ich die Lernenden in ihrer Lebenswelt ab. Weiterhin finden sie darin bereits Informationen, die den Rahmen für die Unterrichtseinheit abstecken.

Fragen wie „Womit beschäftigen wir uns denn heute?" werden damit geklärt. So ist eine Inhalts- und Zielfunktion gegeben. Die Lernaufgabe der einzelnen Themen muss nicht lang sein. Eine These mit einer anschließenden Frage oder einfach nur eine Frage können vollkommen ausreichen.

5.2.2 Thema und Lernaufgabe

Das Thema wird zur Übersicht klar deklariert. Die Lernaufgabe ist fett gedruckt. Sie kann erst beantwortet werden, wenn sich die Lernenden Wissen diesbezüglich angeeignet haben. Sie müssen sich also zunächst erarbeiten, was das HeLP-Konzept ist, um die Aussage, der Lernaufgabe bestätigen oder widerlegen zu können. Übrigens: Die Antwort auf eine Lernaufgabe kann auch niemals „ja" oder „nein" lauten, sondern sie ist viel differenzierter.

Die Beantwortung einer geschickt formulierten Lernaufgabe ist gleichzeitig bereits eine erste Anwendung des neuen Lerninhalts und fördert das reflektierte und nachhaltige Lernen. Hier wird die Antwort differenziert ausfallen. Die Lernenden erkennen im Laufe der Besprechung des HeLP-Plans und während der ersten Arbeitsphase, dass selbstgesteuertes Lernen durchaus viel Eigeninitiative und Entscheidungen über den Lernprozess von ihnen fordert. Sie stellen aber auch fest, dass sie zum einen durch das Gerüst, das ihnen die Lehrkraft mit dem HeLP-Plan strickt und der Möglichkeit der Partner- oder Gruppenarbeit, beim selbstgesteuerten Lernen nicht allein gelassen werden. In der zweiten Teilaufgabe werden gezielt Chancen, aber auch Fallstricke angesprochen. So reflektieren die Lernenden, was ihnen individuell zusagen könnte und worauf sie gezielt achten müssen, damit ihnen das eigenverantwortliche Arbeiten gelingt. In der Besprechungsphase frage ich immer das Plenum, wenn Lernende Sorgen über die Organisation des Arbeitsprozesses, beispielsweise mit der eigenständigen Zeiteinteilung, haben. Die Erfahrung zeigt, dass es immer Mitschülerinnen und Mitschüler gibt, die Ideen haben, wie sie damit umgehen können.

5.2.3 Ressourcen, Kurzreflexion und Handlungskompetenzraster

Als Ressourcen eignen sich generelle Informationen über selbstgesteuertes Lernen, aber auch der HeLP-Plan selbst, da über dessen Besprechung, viele Dinge geklärt werden, die diese Form des Arbeitens ausmachen. Ich gebe in diesen Einführungsstunden gleichzeitig auch die HeLP-Kurzreflexion und das Handlungskompetenzraster aus, damit sich die Lernenden von Anfang an daran gewöhnen, dass eine Reflexion zum Kompetenzerwerb beim selbstgesteuerten Lernen unerlässlich ist.

Wenn ich das Handlungskompetenzraster verteile, verweise ich darauf, dass wir uns damit im Laufe des Schuljahres immer wieder näher beschäftigen werden und dass die Lernenden dadurch einen Überblick über die Kompetenzbereiche bekommen, die beim Arbeiten mit HeLP geschult werden. Diese Erkenntnis hilft ihnen auch bei der Beantwortung der ersten und zweiten Aufgabe.

5.2.4 Zitieren und Urheberrecht

Wenn ausreichend Zeit vorhanden ist, wäre hier auch ein guter Zeitpunkt, bereits erstmalig den Umgang mit richtigem Zitieren und das Einhalten des Urheberrechts zu erwähnen. Dies sollte ein ständig präsentes Thema bei der Arbeit mit HeLP sein. Eine Kooperation mit dem Fach Deutsch, das Themen wie das korrekte Zitieren von Quellen und das Paraphrasieren oftmals im Unterricht behandelt, bietet sich hier an. Man kann das Thema auch in die Methodenwoche auslagern, die viele Schulen zu Beginn des Schuljahres abhalten.

Den Schülerinnen und Schülern muss von Anfang an auf ihrem Weg zu eigenverantwortlichen Lernenden bewusst sein, dass das Erstellen eigener Handlungsprodukte bestimmten Regeln unterliegt.

5.2.5 HeLP-Plan

Auf den folgenden Seiten sehen Sie mein HeLP-Einführungsmodul. Dieser Plan kann auf diese oder ähnliche Weise mit jeder Lerngruppe ab der 5. Jahrgangsstufe als Einführungsmodul durchgeführt werden. Hierbei ist es wichtig, ihn an die Bedürfnisse der Lerngruppe anzupassen und in jüngeren Klassen ggf. die Arbeitszeit zu erweitern oder den Text so zu verändern, dass ihn die Lernenden verstehen.

Verschiedene Fächer
Betreuende Lehrer/-in
HeLP: Einführung

Arbeitszeitraum:
2 Unterrichtsstunden
Erste Schulwoche

Lernsituation: Sie besuchen die 12. Jahrgangsstufe des beruflichen Gymnasiums der BBS II Kaiserslautern. In einigen Fächern begegnen Sie einer neuen Form des Arbeitens: der Arbeit mit HeLP! Hierbei steht das selbstgesteuerte Lernen im Vordergrund, was jedem Schüler/jeder Schülerin besondere Chancen bietet, aber auch Herausforderungen beinhaltet.
<u>**Pflichtthemen**</u> (alle Themen sind zu bearbeiten)

Thema/Lernaufgabe	Aufgabe	Sozialform	Ressourcen	Orga/Feedback
1 **Das HeLP-Konzept** **„Selbstgesteuertes Arbeiten heißt, ich mache alles allein. Stimmt's?"**	Erstellen Sie auf der Grundlage der gegebenen Ressourcen eine kurze Übersicht über selbstgesteuertes Lernen. Beschreiben Sie in einem zweiten Schritt, inwiefern die Arbeit mit HeLP selbstgesteuertes Lernen unterstützt. Beachten Sie hierbei auch, wie jeder HeLP-Plan aufgebaut ist (frei wählbares Handlungsprodukt: Plakat, PPt, Paper…).	EA[4] PA	**Internetlinks zum SGL:** https://wb-web.de/wissen/lehren-lernen/selbstgesteuert-lernen.html **Information zu HeLP:** Der HeLP-Plan selbst ☺ HeLP-Handlungskompetenzen HeLP-Kurzreflexion	**Arbeitszeiten:** 30 min **Konsolidierung:** direkt im Anschluss ☺ 😐 ☹ Shutterstock.com/FARBAI

4 EA: Einzelarbeit, PA: Partnerarbeit, GA: Gruppenarbeit, FW: frei wählbar

Verschiedene Fächer
Betreuende Lehrer/-in
HeLP: Einführung

Arbeitszeitraum:
2 Unterrichtsstunden
Erste Schulwoche

BBS

2 **Individuelle Vorteile und Herausforderungen** **„Jetzt kann ich so arbeiten, wie es zu mir passt. Da kann ja nichts schief gehen. Oder?"?**	Grundlage Ihrer Arbeitsergebnisse aus Aufgabe 1, welche Vorteile das Arbeiten mit HeLP (grüne Metaplankarten) für Sie persönlich hat, aber auch welche Herausforderungen (rote Metaplankarten) es für Sie mitbringen könnte. (Alternative: Oncoo)	FW	**Arbeitsergebnisse aus Aufgabe 1**	**Arbeitszeiten:** 30 min **Konsolidierung:** direkt im Anschluss Shutterstock.com/FARBAI

5.2.6 Kurzüberblick

Zusammengefasst bietet sich also die folgende Vorgehensweise an:

Vorbereitung:

1. **HeLP-Plan „Einführungsmodul" an Lerngruppe** anpassen
2. **Benötigtes Material bereitstellen:** kopierte HeLP-Pläne und Kurzreflexion (s. Kap. 3.1, S. 42) für Lernende
   Das Handlungskompetenzraster finden Sie in Kapitel 3.2 als Webcode zum Download.
   Bei Zugang zu digitalen Endgeräten: ggf. eigene digitale Geräte oder iPad-Koffer/PCs, ggf. Onlinetool Oncoo o. Ä. für die Kartenabfrage in der zweiten Aufgabe
   Ohne Zugang zu digitalen Endgeräten: Stellwand/Tafel, rote und grüne Metaplankarten, Pinnwandnägel/Tape und Stifte

Durchführung:

1. HeLP-Pläne und Kurzreflexionen austeilen
2. Lernsituation gemeinsam lesen
3. Impuls: „Beschreibt, was ihr seht." → Beschreibung HeLP-Plan durch Lernende
4. Begriffe/Definitionen im Plenum klären: z. B. Konsolidierung, Lernaufgabe, Sozialform
5. Eigenständige Bearbeitung der Lernaufgabe 1
6. Gemeinsame Konsolidierung: Unterrichtsgespräch
7. Kurzreflexion thematisieren und anschließend Smiley ankreuzen lassen
8. Eigenständige Bearbeitung der Lernaufgabe 2
9. Konsolidierung mithilfe der Stellwand und der Metaplankarten bzw. mithilfe einer vorbereiteten Oncoo-Kartenabfrage o. Ä.: Lernende pinnen die Vorteile (grün) und die Herausforderungen (rot) selbst an, clustern wo möglich selbstständig und erläutern ihre Gedanken
10. Parallelen zwischen Vorteilen und Herausforderungen aufzeigen (oftmals wird auf beiden Seiten der Punkt „Freiheit", „Wahlfreiheit" oder „Motivation" genannt). Manche Schüler/-innen befürchten trotz der Tatsache, dass ihnen die vielen Wahlmöglichkeiten bzgl. des Handlungsprodukts und der Sozialform grundsätzlich sehr zusagen, eine mögliche Überforderung bzw. eine Gefahr bei der Selbstorganisation. Dies gilt es unbedingt zu thematisieren.

Leitfragen könnten lauten:
Was kannst du gezielt tun, um dies zu vermeiden? Haben die anderen vielleicht Tipps für sie/ihn? Die Erfahrung zeigt, dass die Lerngruppe oftmals selbst auf viele Lösungsmöglichkeiten kommt.
Ansonsten hilft es auch, auf die Vorteile selbstgesteuerten Lernens zu verweisen, die die Lernenden in Aufgabe 1 erarbeitet haben. Neue Lernwege bringen immer Herausforderungen mit sich, die zu meistern sich jedoch lohnt!

11. Smiley-Reflexion und Kurzreflexion thematisieren
12. Abschlussgespräch

HeLP – die Praxis in der Unter- und Mittelstufe

6

6.1 Vorbereitung der Lernenden

Zunächst stellen sich Lehrende folgende Frage: Können unsere jüngeren Schülerinnen und Schüler eigentlich eigenständig lernen? Wenn man eingehender über diese Frage nachdenkt, werden wir uns ehrlich eingestehen müssen, dass wir das doch meistens gar nicht von den Lernenden einfordern. Es wäre also falsch, den Kindern einen ausführlichen, viele Unterrichtsstunden umfassenden Lernplan zu geben und zu sagen: Macht mal! Denn das können sie nicht.

Ein Einführungsmodul ist notwendig und lohnend, um den Kindern die Möglichkeiten, die sich ihnen nun bieten und an die sie nicht gewöhnt sind, vor Augen zu führen. Dafür gibt es mehrere Möglichkeiten: Zum einen könnte man mit dem kurzen HeLP-Einführungsmodul arbeiten, das Ihnen in Kapitel 5 vorgestellt wird und der den Kindern das neue Konzept des selbstgesteuerten Lernens näherbringt. Darin kann man zunächst über die Vor- und Nachteile des selbstgesteuerten Lernens forschen und Methoden einführen, die den Schülerinnen und Schülern bis dahin vielleicht unbekannt waren. Auch die Recherche im Internet will geübt werden, um die Kinder zu befähigen, seriöse von unseriösen Quellen zu unterscheiden. Andererseits können Sie aber auch einen kurzen thematischen HeLP-Plan an den Anfang stellen, der nur zwei Unterrichtsstunden umfasst und noch nicht zu viel Eigenleistung fordert. Während der zwei Stunden kommen Sie als Lehrkraft viel mit den Kindern ins Gespräch, lernen ihre Ängste und Sorgen bezüglich des eigenständigen Lernens kennen und können ihnen gleich angemessen begegnen. Natürlich dürfen Sie am Anfang keine allzu hohen Erwartungen haben, da die Schülerinnen und Schüler für sie ungewohntes Terrain beschreiten und sich erst einmal an die neue Art des Lernens gewöhnen müssen. Ein exemplarisches Einführungsmodul stelle ich Ihnen in diesem Kapitel vor, das ich in der Unter- und Mittelstufe an meinem Gymnasium in Bayern bereits des Öfteren erprobt habe. Sie kennen Ihre Lerngruppe am besten und können daher besser einschätzen, welche Art der Heranführung sich für Ihre Schülerinnen und Schüler eignet.

Ich habe beide Methoden ausprobiert und finde, dass beide ihre Berechtigung haben. Wenn ich wählen müsste, würde ich die zweite Methode als Einstieg bevorzugen, weil die Kinder dann sofort die Praxis anhand des Lehrplanstoffes kennenlernen. Je älter die Schülerinnen und Schüler sind, desto mehr können Sie auch mit der Theorie einsteigen, doch die jüngeren Kinder würde das wohl eher überfordern. Bei ihnen gilt mehr der Grundsatz „Learning by Doing“, mit dem/der Lehrenden an ihrer Seite als feste Bezugsperson, mit der sie jederzeit rechnen können.

Auf alle Fälle ist es wichtig, zu Beginn eines Einführungs-HeLP-Planes einen exemplarischen Plan mit den Kindern durchzugehen, ihnen die Begrifflichkeiten zu erläutern und vor allem auch die Möglichkeiten und Arten von Leistungsnachweisen mit ihnen zu erläutern (vgl. Kap. 8 Notengebung). In der Unter- und Mittelstufe achte ich darauf, dass bei jedem HeLP-Plan mindestens eine verpflichtende und eine freiwillige Note enthalten ist.

Auch bei den verpflichtenden Noten können Sie durchaus variieren und mehrere Aufgaben stellen, von denen ein Ergebnis benotet wird, das die Kinder jedoch selbst wählen können, wobei alle Aufgaben verbindlich zu erledigen sind. Das ist wichtig, da die Inhalte des HeLP-Planes ja lehrplanrelevant sind. Bei den Präsentationen werden die Schülerinnen und Schüler die Inhalte der von ihnen nicht vertieften Aufgaben natürlich ebenfalls kennenlernen, sodass Sie dahingehend nicht besorgt sein müssen. Wenn Sie an herkömmlichen kleinen Leistungsnachweisen, wie Abfragen oder Stegreifaufgaben, festhalten wollen, ist das selbstverständlich auch möglich. Natürlich muss das dann den Kindern transparent vermittelt werden. Grundsätzlich muss ich sagen, finde ich es gerade schön, von den herkömmlichen Leistungsnachweisen etwas wegzukommen und Leistungsnachweise abzuhalten, die größtenteils von den Schülerinnen und Schülern freiwillig erbracht werden. Die Anzahl der freiwilligen Noten übersteigt die der von mir geforderten immer, da die Kinder durchaus die Möglichkeiten erkennen, die sich ihnen hier bieten. So können die Schülerinnen und Schüler sich im Laufe ihrer Arbeit jederzeit bei mir melden und mir mitteilen, dass sie eine Lernaufgabe, die keine verpflichtenden Leistungsnachweis vorsieht, freiwillig vorstellen und ebenfalls benotet bekommen wollen. Sie haben sich angestrengt, um ein möglichst ansprechendes Ergebnis zu erzielen und wollen das auch honoriert sehen. Sollten Sie befürchten, dass das Ganze ausufern könnte, dann kann ich Ihnen diese Sorge nehmen. Sie bestimmen die Regeln! Sie legen fest, wie viele freiwillige kleine Leistungsnachweise Sie zulassen. Das Einzige, was hier wichtig ist, ist Transparenz. Die Kinder müssen wissen, wie ihre Noten gebildet werden.

Ein nicht zu verachtender, sondern überaus wichtiger Nebeneffekt ist, dass die Kinder voneinander unglaublich viel lernen. Vielleicht haben sie sich am Anfang nur an die Erstellung eines Word-Dokumentes herangetraut, dann aber bei ihren Mitschüler/-innen gesehen, dass viele andere

Dinge im Bereich des Möglichen liegen. Dann gehen sie voller Zuversicht an ihre zweite Aufgabe und können sich sogar bei Klassenkamerad/-innen Feedback und Anregungen holen. Hier zeigt sich das Learning by Doing von seiner besten Seite. Auch Ihnen als Lehrkraft kommt hierbei eine wichtige Rolle zu. Ich gehe immer durch die Klasse und suche das Gespräch mit den einzelnen Kindern oder auch Gruppen.

Mögliche Fragen hierbei sind:
- Habt ihr euch schon Gedanken gemacht, wie ihr eure Ergebnisse präsentieren wollt?
- Warum habt ihr gerade diese Präsentationsform ausgewählt?

Erinnert euch doch mal an die letzten Präsentationen, wenn euch gerade nichts Geeignetes einfallen will. War da vielleicht eine Präsentationsform dabei, die euch für eure jetzige Aufgabe geeignet erscheint? Geht ruhig in Teams und schaut euch die Ergebnisse nochmal kurz an.

Sie sehen schon anhand der Anmerkung in der Box, dass an unserem Gymnasium seit der Corona-Pandemie mit Microsoft Teams gearbeitet wird. Jede/-r Schüler/-in verfügt über einen eigenen Teams-Zugang und ist in einer Klassengruppe organisiert, die die jeweilige Fachlehrkraft erstellt. Ich erstelle auf Teams sogenannte Aufgaben, die identisch mit den Lernaufgaben des HeLP-Plans sind und dort laden die Schüler/-innen dann auch ihre Ergebnisse hoch. Natürlich können Sie das auch über andere Plattformen handhaben. Je nachdem, welche Mittel Ihnen an Ihrer Schule zur Verfügung stehen. Sie sehen, dass es hilfreich ist, wenn die Kinder über einen Internetzugang und eigene Endgeräte verfügen. Das wäre der Idealzustand, von dem ich weiß, dass ihn einige Schulen schon so gut wie erreicht haben, während andere noch nicht einmal über funktionierendes WLAN verfügen. Wenn Sie zu Letzteren gehören, verzagen Sie nicht! Selbstverständlich können Sie die HeLP-Pläne auch analog durchführen. Dann verzichten Sie bei den Ressourcen logischerweise auf Internetlinks und stellen die gewünschten Mittel analog zur Verfügung. Sie könnten z. B. Ordner anlegen, die im Klassenraum stehen, in denen die Schülerinnen und Schüler nachschlagen oder auch ihre Ergebnisse abheften können.

Ich habe für Klassen, die keine eigenen digitalen Geräte haben, einen unserer Computerräume gebucht, sodass die Kinder dort über Internetzugang verfügen konnten. Sowieso empfehle ich Ihnen, wenn irgend möglich, mehrere Klassenzimmer für die betreffenden Stunden zu buchen, damit die Kinder möglichst ungestört arbeiten können. Meine Schule ist sehr ausgelastet und dennoch gelingt es mir so gut wie immer, mehrere Räume gleichzeitig zu buchen, wenn es nötig ist. Das bringt uns zum heiklen Thema „Aufsichtspflicht". Natürlich können wir nicht in allen Räumen gleichzeitig sein. Wenn ich einen Computerraum buche, ist dieser sozusagen mein Basislager. Die anderen Schülerinnen und Schüler ziehen sich mit ihren jeweiligen Gruppen, Partner/-innen oder auch allein in einen der gebuchten Räume oder auch auf den Gang zurück. Hin und wieder gehe ich durch diese Räume, um nach dem Rechten zu sehen. Dabei ist es hilfreich, wenn die Zimmer nicht über das ganze Schulgebäude verstreut sind, sondern sich in der Nähe befinden. Noch nie hatte ich das Problem, dass die Schülerinnen und Schüler dies ausgenutzt hätten! Sie finden es im Gegenteil toll, wenn man ihnen etwas zutraut und wenn sie sich allein in ihre Arbeit vertiefen können, ohne dass ihnen ständig jemand über die Schulter schaut. Das geht natürlich nur, wenn Sie es Ihrer Lerngruppe zutrauen! Ich hatte, wie gesagt, bis jetzt das große Glück, dass es immer geklappt hat. Hin und wieder kommen auch Kolleginnen und Kollegen vorbei, um zu sehen, wie das selbstgesteuerte Lernen funktioniert. Gerade Berufsanfänger/-innen sind sehr empfänglich für das Konzept und setzen sich gern mal eine Stunde in ein Klassenzimmer, um den Schülerinnen und Schülern bei ihrer Arbeit zuzusehen und sie dabei zu unterstützen.

Ich habe das Glück, dass es an meiner Schule sogenannte i-Puk-Klassen gibt. Das sind Klassen, die mit iPads unterstützten Unterricht erhalten. Die Kinder schaffen sich die Geräte selbst an und bringen sie zuverlässig jeden Tag aufgeladen in den Unterricht mit. Dies stellt natürlich finanzielle Belastung für Familien dar, aber im Härtefall übernimmt das Jobcenter diese Anschaffung für Familien, die nicht über die entsprechenden Mittel verfügen. In diesen Klassen ist es natürlich einfach, einen digitalen HeLP-Plan einzusetzen. Auch iPad-Koffer, die einen Klassensatz iPads enthalten, finden sich inzwischen an immer mehr Schulen. Das ist natürlich für diese Art von Unterricht sehr geeignet.

Bitte wundern Sie sich nicht, dass ich hier nur von iPads schreibe. Natürlich sind auch Tablets anderer Marken geeignet. Wir haben uns an meiner Schule dazu entschieden, dass alle Schüler/-innen einheitliche Geräte benutzen, da wir so das Gefühl haben, sie besser bei ihrer Arbeit unterstützen zu können. Wir Lehrende sind ja nicht unbedingt in allen Systemen firm und so haben wir uns nur in ein System einarbeiten müssen und die Funktionen sind bei allen Geräten gleich.

Doch denken wir einen Schritt weiter: Wäre es nicht ein großartiges Argument – falls Ihre Schule noch nicht über solche Möglichkeiten verfügt – das Konzept des selbstgesteuerten Lernens vorzustellen und die Schulleitung so von der Notwendigkeit einer solchen Anschaffung zu überzeugen? In manchen Schulen ist es übrigens schon Usus, dass Kinder über die Schule ein Tablet gestellt bekommen, wie z. B. in NRW, oder auch an Privatschulen in Bayern.

Ich stelle meinen HeLP-Plan normalerweise der Einfachheit halber bei Microsoft Teams ein, wo er für alle Lernenden einsehbar ist. Da immer mehr datenschutzrechtliche Bedenken wohl in Kürze dazu führen werden, dass man auf solche kommerziellen Plattformen wie Teams verzichten muss, können Sie natürlich auch andere Möglichkeiten nutzen. In Bayern bietet sich z. B. BayernCloud Schule an, die weiterentwickelte Form von mebis, die das Bayerische Staatsministerium für Unterricht und Kultus allen Schulen in Bayern zur Verfügung stellt. Das Bundesministerium für Bildung und Forschung fördert die sogenannte Schul-Cloud, auf der Schülerinnen und Schüler sowie Lehrende digitale Lehr- und Lernangebote schul- und fächerübergreifend abrufen können.

Sie sehen, es gibt zahlreiche Möglichkeiten, die HeLP-Pläne digital zu organisieren. Dazu ein wichtiger Tipp: Laden Sie Ihren Plan unbedingt als PDF-Datei auf der Onlineplattform Ihrer Wahl hoch. Bei meinem ersten HeLP-Plan ist es mir passiert, dass ein Schüler aus Versehen einen Link der Word-Datei gelöscht hatte. Wie gesagt: Learning by Doing. Das gilt selbstverständlich auch für uns Lehrkräfte.

6.2 Beispiel eines HeLP-Plans für eine 8. Klasse

Nun wollen wir uns gemeinsam einen HeLP-Plan ansehen, den ich für eine 8. Klasse (iPuk) entworfen habe, und den die Schüler/-innen zu Beginn des Schuljahres bearbeiten sollten. Es handelte sich dabei um ihren ersten HeLP-Plan überhaupt. In diesem Kapitel erläutere ich den Plan Schritt für Schritt anhand von Ausschnitten. Wenn Sie sich einen kompletten Überblick verschaffen möchten, können Sie den vollständigen HeLP-Plan downloaden:

WEBCODE

Den HeLP-Plan, den ich für eine 8. Klasse (Absolutismus) entworfen habe, finden Sie hier als Webcode zum Download:

cornelsen.de/codes
Code: kozihi

Der Aufbau des HeLP-Plans unterscheidet sich nicht von denen, die Sie bereits in Kapitel 2 und 5 kennengelernt haben. Meine Schwester und ich finden, dass es sogar wichtig ist, das Aussehen des Plans nicht wesentlich zu verändern, um eine gewisse Gewöhnung der Lernenden an diese Art der Arbeit zu erreichen. Sind die Schüler/-innen bereits in der Unter- und Mittelstufe mit HeLP-Plänen in Berührung gekommen, können Sie sich eine aufwändige Einführung in das selbstgesteuerte Lernen in der Oberstufe natürlich sparen und dort sofort loslegen.

Wir beginnen mit dem oberen Teil des HeLP-Plans. Er beinhaltet sogenannte Basisinformationen. So finden die Schülerinnen und Schüler die veranschlagte Arbeitszeit hier vor, das Thema und am allerwichtigsten: die Lernsituation. Hierbei war es mir wichtig, das Thema so einzubetten, dass den Jugendlichen klar wird, warum sie sich überhaupt mit diesem Thema auseinandersetzen müssen. Apropos Arbeitszeit: Gerade am Anfang sollte Ihnen bewusst sein, dass die veranschlagte Zeit möglicherweise nicht ausreicht. Hierbei können Sie einfach individuell nachsteuern. Natürlich sollte die Arbeitszeit nicht übermäßig ausgedehnt werden, um die Lerngruppe daran heranzuführen. vorgegebene Arbeitszeiten einzuhalten. Wichtig ist hierbei wieder, Veränderungen am Plan immer transparent zu machen, d.h. am besten gleich im Plan selbst eine Änderung vorzunehmen.

8 iPuk Geschichte U. Vögl HeLP: 8_1	**Arbeitszeitraum:** 3 Unterrichtsstunden	GYMNASIUM KÖNIGSBRUNN

Rückblick 7. Klasse: Absolutismus

Lernsituation: Ein absoluter Herrscher – Heutzutage undenkbar! Wir leben in einer Demokratie und sind es seit jeher gewohnt, dass die Menschen durch Wahlen Einfluss auf die Politik nehmen können. Um zu verstehen, wie es dazu kommen konnte, müssen wir einen Blick in die Vergangenheit werfen. Wir beginnen damit in Frankreich im 17. Jahrhundert.

Abb. Oberer Teil des HeLP-Plans

Lassen Sie uns nun im Plan weiter nach unten gehen. In der linken Spalte finden Sie die Lernaufgabe. Sie ist knapp gehalten, beinhaltet jedoch jede Menge Möglichkeiten, wie Sie sehen, wenn Sie sich die anschließenden Aufgaben daneben betrachten. Die Aufgaben selbst sind kleinschrittig und beinhalten relativ genaue Anweisungen, nicht nur zum Lernvorgang selbst, sondern auch zur Sozialform, die hier ebenfalls eingeschränkt ist. Ich habe für den ersten HeLP-Plan hier bewusst die Partnerarbeit gewählt, um die Lernenden nicht gleich am Anfang mit der Fülle der Möglichkeiten, die das selbstgesteuerte Lernen ihnen bietet, zu überfordern. Das markierte „P" steht hier für eine sogenannte Präsentationsnote. Mir war hierbei wichtig, dass die Jugendlichen auf den ersten Blick sehen können, welche Aufgabe benotet wird.

Thema/Lernaufgabe	Aufgabe	Sozialform
Ludwig XIV. – ein Herrscher mit uneingeschränkter Macht?	1. Betrachte das Bild von Ludwig XIV. genau. (Bild 1) 2. Besprich mit einem Mitschüler, wie der König auf dich wirkt? 3. Beschreibe (→ iPad) folgende Dinge/Begriffe anhand des Videos (Link 1) - den Tagesanlauf des Königs, - die Art, wie er lebte - sein Symbol, - die Position des Königs in der Gesellschaft, - Absolutismus	PA/P

Shutterstock.com/Natata
Cornelsen/Ulrike Vögl

Abb. Lernaufgabe

Auch dieser HeLP-Plan verfügt natürlich über eine Ressourcen- und Orga-Spalte

Ressourcen	Orga
Bild 1: Ludwig XIV.pdf Link 1: Link zu YouTube „Absolutismus – Der Sonnenkönig Ludwig XIV" Arbeitsblatt: Die vier Säulen.docx	**Arbeitszeit: 45 min** ☺ 😐 ☹

Shutterstock.com/FARBAI
Cornelsen/Ulrike Vögl

Abb. Ressourcen

Auf den ersten Blick können Sie sehen, dass dieser Plan nur eine limitierte Anzahl an Ressourcen aufzeigt. Das habe ich bewusst so gehalten, um eine Überforderung der Jugendlichen zu vermeiden. Sie müssen erst lernen, mit einer Vielzahl an Quellen umzugehen und die richtigen Informationen herauszufiltern. Von Plan zu Plan können Sie mehr Ressourcen vorgeben oder eben auch Auswahlmöglichkeiten aus verschiedenen Quellen.

Sie haben gesehen, dass dieser Plan insgesamt noch nicht sehr differenziert ist. Die Schülerinnen und Schüler erhalten zu diesem Zeitpunkt nur wenige Möglichkeiten. So wurde, wie bereits erwähnt, die Sozialform von mir festgelegt und auch die Ressourcen halten sich in Grenzen. Das habe ich bewusst so gehalten, da es sich wie gesagt um das erste Mal handelte, dass meine Achtklässler in Kontakt mit selbstgesteuertem Lernen kamen. Auch das Ergebnis ist noch relativ festgelegt. Die Kinder sollen das Gelernte mithilfe ihres iPads zusammenfassen. Doch hier wurde ich bereits das erste Mal überrascht. Während einige Schüler/-innen das Erarbeitete als eine Art Hefteintrag mit der App GoodNotes festhielten, erstellten andere detaillierte MindMaps (u. a. mit den Tools SimpleMind und GitMind). Bei der anschließenden Präsentation der Ergebnisse konnten diese Schüler/-innen ihren Klassenkamerad/-innen gleich erklären, wie sie diese MindMap erstellt haben und auch weshalb sie diese Form und dieses Tool gewählt haben.

Ich habe bei diesem HeLP-Plan eine der im Lehrplan geforderten Kompetenzen, die hier besonders geschult werden, in die linke Spalte geschrieben, um es den Schülerinnen und Schülern zu erleichtern, das Handlungskompetenzraster auszufüllen. Dabei stellte ich fest, dass viele Kinder überaus kritisch mit ihren eigenen Kompetenzen umgehen. In meinem Klassenzimmer hängt an der Wand ein großes Plakat des Handlungskompetenzrasters, das Ihnen in Kapitel 3.2 vorgestellt wurde. Auch die Schülerinnen und Schüler erhalten wie bereits erwähnt dieses Handlungskompetenzraster, welches Sie an die digitalen HeLP-Pläne einfach anhängen oder auch analog als Ausdruck verwenden können. Mithilfe dieses Kompetenzrasters können Sie mit den Schülerinnen und Schülern sehr gut ins Gespräch kommen und sie auffordern, zu reflektieren, welche Kompetenzen ihnen schon geläufig sind und ihnen leichtfallen und an welchen sie gezielt arbeiten wollen. Auch die Kurzreflexion des individuellen Lernprozesses (siehe Kap. 3.1) ist dabei sehr hilfreich. Die Frage nach der verwendeten Methode, der Sozialform und auch der eigenverantwortlichen Zeiteinteilung wird hierbei in den Vordergrund gerückt und muss auch begründet werden. Dabei werden die Lernenden automatisch mit ihren getroffenen Entscheidungen im Nachgang konfrontiert und müssen sich kritisch hinterfragen. Die Verwendung all dieser Materialien wird sich im Laufe der Zeit automatisieren. Daher ist es wünschens- und empfehlenswert, gerade am Anfang darauf zu achten, die Durchführung der HeLP-Pläne so gleich wie nur möglich zu halten, um einen gewissen Automatismus zu erreichen.

An den Schluss dieses Plans habe ich eine Feedback-Abfrage gestellt. Das mache ich übrigens nach jedem Plan und bei längeren Plänen auch gern als Zwischenevaluation. Das ist mir außerordentlich wichtig, da ich, wie ganz am Anfang schon einmal erwähnt, herausfinden möchte, ob diese Art der Arbeit einen Mehrwert für die Kinder bietet und wie sie bei ihnen ankommt. An meiner Schule benutzen wir dafür die App FeedbackSchule, die sich bei uns schon vielfach bewährt hat. Darin kann man auf vorgefertigte Umfragen zurückgreifen oder auch selbst individuelle Feedback-Fragen erstellen. Anschließend bekommt man die Ergebnisse sowohl für alle Einzelfragen als auch in seiner Gesamtheit dargestellt, wobei man durch eine Ampel-Struktur auf den ersten Blick sehen kann, wie das Ergebnis zu bewerten ist. Ich schätze diese Art des Feedbacks sehr und auch meine Schülerinnen und Schüler fühlen sich dadurch in ihrer Meinung wertgeschätzt. Das liegt auch daran, dass ich die Ergebnisse nach der Einholung des Feedbacks immer gemeinsam mit ihnen eingehend bespreche, um den bestmöglichen Nutzen daraus zu ziehen.

Natürlich können Sie auch einfach eine Microsoft-Forms-Umfrage abrufen oder andere von Ihnen gewohnte Feedbackarten anwenden. Beliebte Umfragetools sind u. a. Doodle, Questionstar oder Empirio.

Bei FeedbackSchule werden in vorgefertigten Fragebögen viele verschiedene Teilbereiche abgefragt, z. B. die Bereiche „Sicherung des Lernerfolgs", „Zusammenarbeit und Rückmeldung", „Fürsorge", „Herausforderung", „Klarheit" und auch „Klassenführung" und „Motivierung". Über diese Rückmeldungen und Bewertungen durch die Schülerinnen und Schüler gewinnt man selbst viel Einsicht über die Praktikabilität seiner gestellten Lernaufgaben. Man kommt bei der Auswertung der Evaluation unweigerlich mit den Jugendlichen ins Gespräch und nimmt wertvolle Hinweise für zukünftige Projekte für sich mit. Natürlich kann man auch einen Fragebogen erstellen mit individuellen, genau auf das Projekt zugeschnittenen Fragen und das gemeinsam auswerten. Ich habe beides schon oft gemacht und komme mit beiden Arten sehr gut zurecht. Die Jugendlichen beantworten die Fragen, indem sie auf eine vierstufige Skala klicken, von „schlecht" bis „sehr gut", die durch Smileys repräsentiert werden. Ich bestimme dabei selbst, welche Fragen ich als Pflichtfragen beantworten lassen möchte und welche nicht. Außerdem achte ich darauf, dass immer freie Antwortfelder bei den Fragen dabei sind, damit die Schülerinnen und Schüler auch Kommentare zu den Fragen geben können, falls sie das wollen.

Folgende Dinge habe ich von den Jugendlichen bewerten lassen:

Fürsorge (Care) 4

☺ › Frau Vögl hat sich dafür interessiert, ob ich wirklich etwas gelernt habe.

☺ › Frau Vögl hat in den meisten Stunden Inhalte aus den Vorstunden wiederholt.

☺ › Frau Vögl begegnete mir freundlich und wertschätzend.

☺ › Frau Vögl sorgte für eine angstfreie Atmosphäre.

Herausforderung (Challenge) 3

☺ › Die Aufgabenstellungen im Unterricht waren für mich herausfordernd.

☺ › Ich wurde im Unterricht zu selbstständigem Denken und eigenständigen Fragestellungen angeregt.

☺ › Frau Vögl hat hohe Erwartungen an mich gestellt.

Klarheit (Clarify) 8

☺ › Frau Vögl hat in der Regel an Inhalte angeknüpft, die mir schon bekannt waren.

☺ › Frau Vögl hat mir am Anfang der Stunden einen groben Überblick über die Inhalte der Stunden gegeben.

☺ › Frau Vögl hat mir in der Regel genau mitgeteilt, was ich im Unterricht lernen sollte.

☺ › Im Unterricht war ein klarer roter Faden erkennbar.

☺ › Frau Vögl hat mir gezeigt, womit die Inhalte der Stunden zusammenhängen.

☺ › Frau Vögl hat sich präzise und verständlich ausgedrückt.

☺ › Bevor Frau Vögl neue Inhalte einführte, hat sie überprüft, ob ich über nötige Vorkenntnisse verfüge.

☺ › Frau Vögl hat mir gezeigt, wofür ich die neuen Inhalte brauchen kann.

Klassenführung (Control) 7

☺ › Der Unterrichtsverlauf war reibungslos.

☺ › Im Unterricht waren klare Regeln erkennbar, die Frau Vögl vorgab und durchsetzte.

☺ › Frau Vögl verschwendete keine Zeit durch Verzögerungen oder Leerlauf.

☺ › Frau Vögl hat für eine störungsfreie Arbeitsatmosphäre gesorgt.

☺ › Frau Vögl hatte einen guten Überblick über das Geschehen in der Klasse.

☺ › Frau Vögl hat mir klar gemacht, welches Verhalten sie von mir erwartete.

☺ › Bei Regelübertretungen durch Schüler griff Frau Vögl schnell und konsequent ein.

Motivierung (Captivate) 9

☺ › Die Inhalte des Unterrichts wurden durch Frau Vögl auf interessante Art vermittelt.

☺ › Ich konnte durch den Unterricht einen persönlichen Lernfortschritt feststellen.

☺ › Ich hatte im Unterricht ausreichend Gelegenheiten, bereits erworbene Kenntnisse anzuwenden.

☺ › Der Ablauf der Stunden war abwechslungsreich.

☺ › Frau Vögl zeigte selbst Begeisterung für die Inhalte des Unterrichts.

☺ › Im Unterricht konnte ich Strategien anwenden, die auch für andere Probleme/Themen/Gebiete nützlich sind.

☺ › Das Anforderungsniveau in den Stunden war für mich angemessen.

☺ › Das Lerntempo in den Stunden war für mich angemessen.

☺ › Frau Vögl hat mich dabei unterstützt, selbst Zusammenhänge zu erkennen.

Sicherung des Lernerfolgs (Consolidate) 3

☺ › Ich hatte genügend Zeit, mich intensiv mit den Inhalten der Stunden zu beschäftigen.

☺ › Frau Vögl hat mir in den Stunden genau gezeigt, wie ich bestimmte Aufgabenstellungen lösen kann.

☺ › Frau Vögl überprüfte im Unterricht regelmäßig meine Lernfortschritte.

Zusammenarbeit und Rückmeldung (Confer) 8

☺ › Frau Vögl hat mir in der Regel ausreichend Zeit gegeben, auf Fragen zu antworten.

☺ › Frau Vögl hat mir sinnvolle Rückmeldungen zu meinen Beiträgen gegeben.

☺ › Frau Vögl hat sich mir und meinen Mitschülern gegenüber fair und unvoreingenommen gezeigt.

☺ › Frau Vögl beurteilte meine Leistungen fair.

☺ › Frau Vögl bewertete meine Leistungen so, dass ich es nachvollziehen konnte.

☺ › Frau Vögl gab mir zu meinen Leistungen ein hilfreiches Feedback.

☺ › Frau Vögl gab mir die Gelegenheit, mich im Unterricht einzubringen.

☺ › Frau Vögl gab mir Möglichkeiten zur Mitbestimmung im Unterricht.

Hier ist das Gesamtergebnis, das für sich spricht, in der vorhin bereits erwähnten „Ampel-Struktur“. Die Grafik bietet eine Übersicht über alle geleisteten Antworten. Je mehr Schülerinnen und Schüler den gestellten Fragen zustimmen, desto mehr zeigt die Ampel in den grünen Bereich, der ganz rechts angezeigt wird. Dies soll hauptsächlich als erstes Feedback für die Lehrkraft dienen, um auf den ersten Blick erkennen zu können, in welchem Bereich sich das eingeholte Feedback bewegt, bevor man zu den Einzelbewertungen übergeht. In diesem Fall zeigt die Ampel-Grafik ganz klar in den grünen Bereich, was einer sehr guten Durchschnittsbewertung entspricht.

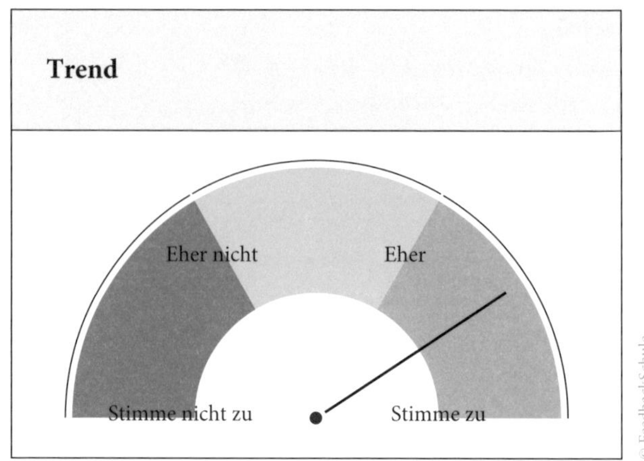

Vor allem die Schülerbewertung der Kategorie „Herausforderung (Challenge)" hat mich überrascht, da sich zum ersten Mal so gut wie alle Kinder herausgefordert fühlten. Das ist im herkömmlichen Unterricht eher weniger der Fall, da man gewöhnlich nie alle gleichzeitig herausfordern kann.

Ich will Ihnen aber auch nicht die Kritikpunkte verheimlichen, die von Schülerseite kamen: Die Kinder nannten die Arbeit „anstrengend", kritisierten einen „hohen Aufwand" und fanden sie „teilweise unnötig, weil Sie das doch erzählen können". Die freien Antworten der Schülerinnen und Schüler wurden durch die Kommentarfunktion bei FeedbackSchule ermöglicht. Ich nutze diese Funktion, wie gesagt, sehr gern, da ich durch sie individuelle Antworten und Einschätzungen erhalte und die Jugendlichen die Gelegenheit bekommen, ihre Meinung frei zu äußern. Dass selbstgesteuertes Lernen von einigen Jugendlichen als „anstrengend" empfunden wird, war zu erwarten. Wie eingangs schon berichtet, ist diese Art des Lernens für die Schülerinnen und Schüler wesentlich anstrengender, aber gerade deshalb auch nachhaltiger. Für mich war dieses Feedback eine Bestätigung, auf dem richtigen Weg zu sein. Ich habe offen über die Vor- und Nachteile des selbstgesteuerten Lernens mit den Kindern diskutiert und war überrascht, wie offen und ehrlich sie sich zu ihrer eigenen „Faulheit", wie sie das nannten, bekannten. Sie gaben aber auch zu, den selbst erarbeiteten Stoff wesentlich besser behalten zu haben.

6.3 HeLP – die Praxis: konkrete Vorgehensweise bei der Erstellung eines HeLP-Plans

Nachdem Sie bereits in Kapitel 6.1 einen HeLP-Plan für eine der ersten Unterrichtsstunden des selbstgesteuerten Lernens in der Sekundarstufe I kennengelernt haben, zeige ich Ihnen nun einen ausführlicheren Plan, der sich über mehrere Unterrichtsstunden erstreckt. Die Anzahl der Stunden, über die sich die HeLP-Pläne erstrecken, bleibt selbstverständlich Ihnen überlassen. Ob man nur ein Unterthema eigenverantwortlich erarbeiten lassen möchte oder den Lernenden die Erarbeitung eines ganzen Themas, wie z. B. die Geschichte Napoleons, zutraut, kommt wieder ganz auf die Lerngruppe und Ihre persönliche Unterrichtsplanung an. Empfehlenswert ist hierbei, zunächst mit kürzeren HeLP-Plänen zu starten, um die Schülerinnen und Schüler an das eigenverantwortliche Lernen zu gewöhnen, bevor Sie sie an langfristigere Planungen heranführen. Sind die Lernenden an die Art des Erarbeitens gewöhnt, können Sie auch längere Sequenzen des eigenverantwortlichen Lernens einplanen oder sogar Ihre gesamte Unterrichtsplanung mit HeLP konzipieren. Zu allen HeLP-Plänen bekommen meine Schüler/-innen das Handlungskompetenzraster (siehe Kap. 3.2) sowie die Kurzreflexion (siehe Kap. 3.1) steht neben dem Feedback am Ende jedes HeLP-Planes.

6.3.1 Sichtung Lehrplan und Inhaltsbestimmung

Das folgende Beispiel eines mehrstündigen HeLP-Plans stammt aus dem Fach Geschichte in der Klassenstufe 8. Zunächst zeige ich Ihnen mein Planungs- und Reflexionsraster:

<table>
<tr><td>Schulart/-form:
Gymnasium (Bayern)</td><td>Jahrgangsstufe/Ausbildungsjahr:
8. Klasse</td></tr>
<tr><td colspan="2">Fach: Geschichte</td></tr>
<tr><td colspan="2">Zu erreichende Kompetenz laut Lehrplan:
Die Schülerinnen und Schüler …
• diskutieren in dem Längsschnitt die Frage nach einer bayerischen Identität vor dem Hintergrund des historisch gewachsenen Territoriums und des vielfältigen kulturellen Erbes Bayerns. Sie nutzen ihre Überlegungen für die Orientierung in der eigenen Lebenswelt, bei der Begegnung mit regionalen Traditionen und im Kontakt mit Menschen anderer Herkunft.
• beurteilen, inwieweit das bayerische Staatswappen die heutige Bevölkerungsstruktur Bayerns widerspiegelt, und präsentieren ihre Erkenntnisse, z. B. in eigenen Entwürfen.
• nutzen anhand eines vorgegebenen erweiterten Kriterienkatalogs einen Geschichtsatlas, um Grundzüge der territorialen Entwicklung Bayerns vom 8. bis ins 20. Jh. zu verstehen und ihre eigene Lebensregion im Verbund historischer Landschaften zu verorten.
• untersuchen unter Zuhilfenahme digitaler Recherchemöglichkeiten städtebauliche oder architektonische Beispiele für das kulturelle Erbe Bayerns und erkennen dabei die Bedeutung des Denkmalschutzes in einem Kulturstaat.
(Staatsinstitut für Schulqualität und Bildungsforschung (ISB) (o. J.).)</td></tr>
</table>

Besonderheiten bei der Planung (z. B. Kenntnisstand der Klasse im selbstgesteuertem Lernen, bestimmte Möglichkeiten/fehlende Möglichkeiten): Die Lerngruppe hatte bereits mit HeLP-Plänen gearbeitet. Neu war die Gruppenarbeit innerhalb des Lernplans. Die iPuk-Klasse ist digital ideal ausgerüstet, da jede Schülerin und jeder Schüler über ein eigenes Tablet verfügt.
Reflexion bzgl. der Planung und der Kompetenzerreichung (z. B. Hat alles funktioniert?/Was hat überrascht?/Gab es Besonderheiten bei den Handlungsprodukten?): Der HeLP-Plan hat trotz der zunächst ungewohnten integrierten Gruppenarbeit gut funktioniert. Die meisten Schülerinnen und Schüler haben sich auch bei der freien Wahl der Sozialform in Partner- oder Gruppenarbeit organisiert. Überraschenderweise wählte eine Gruppe trotz zur Verfügung stehender Mittel ein analoges Handlungsprodukt und erstellte ein Plakat mit ihren Ergebnissen, das sie im Klassenzimmer aufhängte.

6.3.2 Überführung der Inhalte in eine Lernsituation

Wie geht man bei der Planung vor? Der erste Schritt ist die Einbettung des Themas in die Lernsituation. Die Schülerinnen und Schüler sollen in diesem Beispiel Bayern als ihre Heimat begreifen und sich mit der Geschichte ihrer direkten Lebenswelt auseinandersetzen. Genau darauf zielt auch die erste Lernaufgabe ab. Die Jugendlichen werden aufgefordert, sich Gedanken über ihre Heimat zu machen. Als Sozialform habe ich FW, also freie Wahl, gelassen, das heißt, die Aufgabe kann als Einzel-, Partner- oder auch Gruppenarbeit erledigt werden. Aufgabe 1 musste von allen erledigt werden und hier bot sich schon die erste Möglichkeit zu einer freiwilligen Zusatznote, die auch von einigen Schülerinnen und Schülern bereitwillig angenommen wurde.

Die gewählte Sozialform war unterschiedlich. Während zwei Schüler lieber allein arbeiten wollte, bevorzugte der Rest der Klasse Partner- oder Gruppenarbeit. Sie erstellten u. a. MindMaps oder PowerPoint-Präsentationen, eine Gruppe wollte sogar ein analoges Plakat erstellen, was ihnen selbstverständlich freigestellt war, und ein Schüler erstellte überraschenderweise ein Video, für das er selbst den Text einsprach. Die Qualität der Beiträge war recht unterschiedlich, was, wenn wir ehrlich sind, im herkömmlichen Unterricht nicht anders ist, doch so gut wie jede/-r war motiviert, sein/ihr Bestes zu geben. Bei der Präsentationsnote, auch wenn sie freiwillig ist, muss bei mir jeder Schüler und jede Schülerin, der/die benotet wird, eine mündliche Leistung erbringen, zusätzlich zum erarbeiteten Handlungsprodukt. Zur Bewertung können Sie gerne unser Bewertungsraster Aufgabenpräsentation (s. Kap. 8.2) heranziehen. Selbstverständlich können Sie aber auch ein eigenes Raster verwenden oder sich einfach Notizen machen, um dem bzw. der Lernenden die gegebene Note transparent erklären zu können. Egal, welches Raster Sie verwenden, erklären Sie den Schüler/-innen vorher, wie Sie die Benotung vornehmen. Nur so sind Sie transparent und fair. Wenn sich die Jugendlichen zu einer freiwilligen Note entschließen, müssen sie vorher wissen, worauf sie sich einlassen.

Um eine passende Lernsituation zu formulieren, bedarf es etwas Übung. In Kap. 2.2 finden sie Kriterien, die dafür eine Rolle spielen. Für die Unter- und Mittelstufe bietet es sich an, die Lernsituation so knapp wie möglich zu halten.

Für die geforderten Kompetenzen habe ich folgende Lernsituation formuliert, die das Gerüst und den sinnvollen Rahmen für diese Unterrichtseinheit bietet:

> Dirndl, Lederhosen, Bier – unsere bayerische Heimat besteht aus viel mehr als diesen Stereotypen, die man immer genannt bekommt, wenn man vom größten deutschen Bundesland spricht. Um aufzuzeigen, dass unser Heimatstaat viel mehr zu bieten hat, macht sich die Klasse 8ei ans Werk.

6.3.3 Von der Lernsituation zur Lernaufgabe

Lernaufgaben sollen Lernende herausfordern, sich notwendiges Wissen zunächst anzueignen, um dieses dann dazu zu verwenden, die Lernaufgabe zu lösen. Neu erworbenes Wissen wird also direkt angewendet. Die Länge der Lernaufgabe spielt dabei nur eine untergeordnete Rolle. Sie wird im HeLP-Plan deutlich angezeigt, durch Fettdruck hervorgehoben und kann erst beantwortet werden, wenn sich die Schülerinnen und Schüler neues Wissen angeeignet haben.

Bei den folgenden Lernaufgaben habe ich mich sehr an den geforderten Lehrplanthemen orientiert. Die erste Lernaufgabe behandelt die Identität der Bayer/-innen, wobei sich diese Aufgabe direkt auf die direkte Lebenswelt der Lernenden bezieht. Die zweite Aufgabe betrifft das Staatsgebiet und seine Entwicklung und die dritte beschäftigt sich mit dem kulturellen Erbe der bayerischen Heimat.

Alle Lernenden können bereits vor Bearbeitung der Aufgabe eine mögliche Antwort darauf formulieren. Jedoch reicht ein kurzes Nachfragen von Seiten der Lehrkraft aus, um den Lernenden aufzuzeigen, dass sie sich zu einer gewissenhaften und fachtheoretischen Beantwortung der Lernaufgabe, zunächst Wissen aneignen müssen. Dies wiederum leitet uns zur Aufgabenstellung über.

Thema/Lernaufgabe
1. Was verbindet dich mit der Region, in der du lebst? Wie prägt uns die eigene Heimat und welchen Einfluss hat sie auf unser Leben?
2. Stell dir vor, du willst mit deiner Familie in den Urlaub fahren, jedoch wollt ihr eigentlich in Bayern bleiben. Der Weg führt euch an den Gardasee nach Italien und deine Eltern behaupten, dass der See früher in Bayern lag. Haben sie recht?
3. Hendl, a Hoibe Bier und unser Kini … Was steckt alles hinter dem kulturellen Erbe unserer Heimat?

Abb. Thema/Lernaufgabe

6.3.4 Der konkrete Arbeitsauftrag

Aufgabe	Sozialform
Beantworte die Fragen aus der Lernaufgabe, indem du ein **selbstgewähltes Handlungsprodukt** erstellst. (Freiwillige Zusatznote: Meldet euch bei mir, wenn ihr das Thema vorstellen wollt!)	FW ALLE
Arbeite die territoriale Entwicklung Bayerns vom 8. Jahrhundert bis heute heraus. Präsentiere deine Ergebnisse in einem **selbstgewählten Handlungsprodukt**. (Präsentationsnote!)	GA Gruppe 1 Gruppe 2
1) Zeige die Bedeutung von Denkmälern und dem Denkmalschutz anhand selbstgewählter Beispiele aus Bayern auf. Gehe dabei auch auf Denkmäler in deiner direkten Umgebung ein. **(selbstgewähltes Handlungsprodukt)** 2) Präsentiere mindestens ein UNESCO-Weltkulturerbe aus deiner bayerischen Heimat. **(selbstgewähltes Handlungsprodukt)** (Präsentationsnote!)	GA Gruppe 3 Gruppe 4
1. Erkläre, wie Ludwig I. versuchte, die neuen Landesteile in sein Königreich Bayern zu integrieren. 2. Beurteile, inwieweit es ihm gelang, eine bayerische Identität zu schaffen.	GA Gruppe 5 Gruppe 6

Es gibt eine wichtige Regel bei der Formulierung des Arbeitsauftrags zu selbstgesteuertem Lernen: Klarheit! Die Lernenden müssen erkennen können, was genau sie zu bearbeiten haben, um ihre Lernaufgabe am Ende beantworten zu können.
Je jünger die Lerngruppe, desto kleinschrittiger werden diese Arbeitsaufträge formuliert. Bei diesem HeLP-Plan dient die erste Aufgabe dem Warm-up. Die Lerngruppe reflektiert über bekannte Dinge aus ihrer Lebenswelt und versucht sie zu veranschaulichen. Die Sozialform ist bei der ersten und der letzten Aufgabe freigegeben. FW steht für „freie Wahl".

Kommen wir zu den Aufgaben zwei bis vier. Hier habe ich mich für eine Gruppenarbeit entschieden. Die Schülerinnen und Schüler hatten keine Wahl der Sozialform, durften aber die Gruppen selbstständig wählen.

3. Untersuche die Herkunft der Heimatvertriebenen aus dem Zweiten Weltkrieg und ihre Aufnahme in Bayern. Inwiefern gelang es dem bayerischen Staat die Heimatvertriebenen zu integrieren und eine neue Identität zu schaffen? 4. Stelle dar, welche weiteren Gruppen nach Bayern auswandern und welche Maßnahmen der Integration Bayern heute unternimmt. Beurteile, inwieweit die Integration gelungen ist. **(selbstgewählte Handlungsprodukte)** (Präsentationsnote!)	

Abb. Aufgabe

Ich habe die Gruppenarbeit in drei große Bereiche aufgeteilt: die territoriale Entwicklung Bayerns, den Denkmalschutz und die Schaffung einer gemeinsamen Identität. Dabei habe ich darauf geachtet, dass der Arbeitsaufwand innerhalb der Gruppen in etwa gleich groß ist. Die Jugendlichen hatten insgesamt vier Stunden Zeit, ihre Aufgaben in der Gruppe zu erarbeiten.

Im Plan ist hier bereits eine verpflichtende Präsentationsnote vermerkt, was die Schülerinnen und Schüler von Anfang an wussten.

Die letzten beiden Stunden in diesem HeLP-Plan waren etwas kreativerer Art. Die Jugendlichen konnten sich entscheiden, ob sie einen Zeitungsartikel über die mysteriösen Umstände des Todes von Ludwig II. schreiben oder ob sie lieber ein Staatswappen entwerfen wollen, das der heutigen Zeit gerechter wird. Schnelle Schülerinnen und Schüler konnten auch beide Aufgaben erledigen. Auch hier gab es wieder die Möglichkeit zu einer freiwilligen Präsentationsnote.

Der Arbeitsauftrag zur gerade besprochenen Lernaufgabe lautet wie folgt:

Aufgabe	Sozialform
a) „Der Kini ist tot!": Stelle die Umstände rund um den Tod des bayerischen Märchenkönigs zusammen und schreibe einen Artikel für die Schülerzeitung, der seinen mysteriösen Tod von mehreren Seiten beleuchtet. **(Artikel)** b) Entwirf ein eigenes Staatswappen, das dazu geeignet ist, die heutige Bevölkerungsstruktur widerzuspiegeln. (Freiwillige Zusatznote: Meldet euch bei mir, wenn ihr das Thema vorstellen wollt! Wenn ihr besonders schnell fertig seid, dürft ihr gern beide Aufgaben bearbeiten.)	FW ALLE

Abb. Aufgabe

6.3.5 Ressourcenbestimmung

Im nächsten Schritt bestimmen Sie eine Auswahl an Ressourcen, die die Lerngruppe zur Erfüllung der Lernaufgabe benötigt. Sie können hier Auswahlmöglichkeiten oder auch feste Quellen, Internetlinks oder auch eingefügte Word- oder PDF-Dokumente wählen. Je nach Jahrgangsstufe sind Ihnen hier keine Grenzen gesetzt. Vor allem von älteren Schülerinnen und Schülern können Sie selbstverständlich auch eine eigenständige Ergänzung mit sinnvollen Quellen einfordern. Die richtige Umgangsweise mit Quellen muss von Ihnen natürlich thematisiert werden. Möglicherweise bietet sich hier eine Zusammenarbeit mit Fächern wie Deutsch und Informatik an.

Über den Webcode können Sie den vollständigen HeLP-Plan herunterladen. Darin finden Sie neben den Aufgaben sowohl Ressourcen als auch Organisatorisches, wie die Arbeitszeit und ein Feedback zu den Teilaufgaben in Ampel-Smiley-Form.

WEBCODE

Den HeLP-Plan für mehrere Unterrichtsstunden für das Fach „Geschichte“ in der Klassenstufe 8 (Bayern) finden Sie hier als Webcode zum Download:

cornelsen.de/codes

Code: xizogu

Im Anschluss an die Bearbeitung des HeLP-Plans fand wieder eine Evaluation mit der App FeedbackSchule statt.

Ich habe darauf Wert gelegt, dass die Schülerinnen und Schüler auch ihre Meinung aufschreiben und nicht nur Bewertungen auf Skalen abgeben durften. Hier einige Auszüge aus ihrem Feedback zu vorliegendem HeLP-Plan:

- *Gut, dass man selbst entscheiden konnte, was am Ende rauskommt und jeder unterschiedliche Aufgaben hatte.*
- *Toll, da man sich zusammen eine Präsentationsform aussuchen konnte*
- *Lehrreich und selbstständig*
- *Interessant, mehr über meine Heimat zu erfahren*
- *An sich gut, da die Gestaltung sehr frei aber zielgerichtet war. Jedoch würde ich mir mehr Einzelarbeit (Referate alleine) wünschen.*

Auf die Frage: „Was wünscht du dir vom Geschichtsunterricht?“ kamen u. a. folgende Antworten:

- *Dass wir kein Extemporale schreiben und lieber so etwas wie mit Bayern weiterhin machen.*
- *Mehr solche selbstgesteuerten Gruppenarbeiten.*
- *Dass wir mehrere Gruppenarbeiten machen.*

- *Mehr solcher Projekte*
- *Mehr solche selbstgesteuerten Gruppenarbeiten in Partnerarbeit.*

Quelle: FeedbackSchule

Solche Meinungen motivieren natürlich ungemein zur Weiterarbeit. Natürlich kam auch die ein oder andere negative Rückmeldung, wie z. B.: *Das Thema „Bayern" ist langweilig.* Doch das ist bei einer 8. Klasse mit Sicherheit normal und sagt an sich nichts über die gewählte Arbeitsmethode aus. Es ist wohl bei jedem Thema so, dass manche Kinder und Jugendliche sich darauf einlassen können, während andere kein oder nur wenig Interesse haben, sich mit einer Thematik auseinanderzusetzen.

6.3.6 Weitere Beispiele aus der Unter- und Mittelstufe

Sie haben bereits einen Plan aus der 8. Jahrgangsstufe, also der Mittelstufe, kennengelernt. Als Nächstes möchte ich Ihnen einen Plan aus der Unterstufe zeigen. Dafür habe ich die 7. Jahrgangsstufe gewählt und bleibe bei meinem Fach Geschichte.

Die Schülerinnen und Schüler haben sich in sechs Unterrichtsstunden mit dem Dreißigjährigen Krieg beschäftigt. Diesmal war die Sozialform für alle Aufgaben freigestellt. Alle Ergebnisse wurden in entsprechende Ordner bei Microsoft Teams hochgeladen, so konnte ich sicherstellen, dass auch jede/-r die Aufgaben erledigt. Eine der Aufgaben diente einer Präsentationsnote. Welche, durften sich die Kinder selbst aussuchen. Im Anschluss an den HeLP-Plan stand wieder die Kurzreflexion des individuellen Lernprozesses (siehe Kap. 3.1) sowie ein Feedback über FeedbackSchule. Auch das Handlungskompetenzraster wurde mit den Schüler/-innen besprochen. Das kann man gut machen, indem man in einer der letzten Stunden des HeLP-Plans durch die Reihen geht und mit den Lernenden die erworbenen oder noch zu erwerbende Kompetenzen anhand des Bogens thematisiert (s. Kap. 3.2). Doch schauen wir auf das Handlungs- und Reflexionsraster:

<table>
<tr><td>Schulart/-form:
Gymnasium (Bayern)</td><td>Jahrgangsstufe/Ausbildungsjahr:
7. Klasse</td></tr>
<tr><td colspan="2">Fach: Geschichte</td></tr>
<tr><td colspan="2">Zu erreichende Kompetenz laut Lehrplan:
Die Schülerinnen und Schüler …
• erkennen, dass die religiösen, politischen und gesellschaftlichen Konflikte des konfessionellen Zeitalters Herrschaftsstrukturen und Leben der Menschen veränderten. Sie nutzen diese Erkenntnis für ihre Orientierung in Geschichte und Gegenwart, um u. a. die historische Bedingtheit gegenwärtiger Probleme zu beschreiben.</td></tr>
</table>

- hinterfragen das Verhältnis von Politik und Religion am Beispiel des Bauernkriegs und des Dreißigjährigen Kriegs.
- erklären Auswirkungen des Dreißigjährigen Kriegs auf Land und Leute sowie Bedeutung und Folgen des Westfälischen Friedens, um das Streben nach friedlichen Lösungen politischer wie religiöser Konfliktfragen in der Gegenwart wertzuschätzen.
- untersuchen Beispiele für zeittypische Quellengattungen wie z. B. Flugblätter, politische Lyrik oder literarische Darstellungen. Sie erkennen dabei den tiefgreifenden Wandel, der sich durch die Erfindung des Buchdrucks in Europa vollzog, und beurteilen die gesellschaftlichen Auswirkungen neuer Möglichkeiten der Informationsvermittlung in Geschichte und Gegenwart auch unter Einbezug der Digitalisierung.
- gliedern das konfessionelle Zeitalter vor allem mithilfe der Grundlegenden Daten 1517 Beginn der Reformation und 1618–1648 Dreißigjähriger Krieg.
- wenden die Grundlegenden Begriffe Luther, Reformation und Westfälischer Frieden im Zusammenhang richtig an.

(Staatsinstitut für Schulqualität und Bildungsforschung (ISB) o. J.)

Besonderheiten bei der Planung (z. B. Kenntnisstand der Klasse im selbstgesteuertem Lernen, bestimmte Möglichkeiten/fehlende Möglichkeiten):
Die Lerngruppe hatte bereits mit HeLP-Plänen gearbeitet.
Da die Klasse keine iPuk-Klasse war, musste für die Bearbeitung der Computerraum gebucht werden. Einige Schülerinnen und Schüler brachten ihr eigenes digitales Endgerät von zu Hause mit.

Reflexion bzgl. der Planung und der Kompetenzerreichung (z. B. Hat alles funktioniert?/Was hat überrascht?/Gab es Besonderheiten bei den Handlungsprodukten?):
Die Siebtklässler haben das doch anspruchsvolle Thema zu meiner vollsten Zufriedenheit erarbeitet. Im an die Präsentationen anschließenden Unterrichtsgespräch merkte man deutlich, dass sie sich vertieft in die Thematik hineingedacht hatten. Besonderes Interesse zeigten die Kinder für die Frage, was in ihrer unmittelbaren Umgebung während des 17. Jahrhunderts geschah. Je nachdem, ob die Kinder eher auf dem Land oder in der Stadt wohnen, wählten sie dann auch bei der dritten Aufgabe Teil a oder b.

Den vollständigen HeLP-Plan können Sie auch hier wieder über untenstehenden Webcode downloaden. Die Struktur des Plans ist dieselbe wie bei dem Plan für die 8. Klasse und sollte auch nicht variiert werden, damit sich die Lerngruppe daran gewöhnen kann und ein gewisser Widererkennungseffekt einsetzt.

WEBCODE
Den HeLP-Plan für 6 Unterrichtsstunden für das Fach „Geschichte" in der Klassenstufe 7 (Dreißigjähriger Krieg) finden Sie hier als Webcode zum Download:

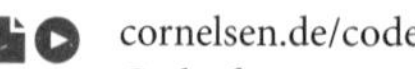

cornelsen.de/codes
Code: fopope

Das Feedback der Schülerinnen und Schüler fiel wieder ganz ähnlich aus wie das der bereits erwähnten 8. Klasse. Die Kinder waren durchweg positiv und trotz ihres jungen Alters bereits in der Lage, den Mehrwert des selbstorganisierten Lernens einzuschätzen.

Nun möchte ich Ihnen noch das Beispiel eines HeLP-Plans aus den Naturwissenschaften zeigen. Dieser Plan ist für die 7. Klasse für den Natur-und-Technik-Unterricht entwickelt worden. In Bayern besteht das Fach „Natur und Technik" in der Jahrgangsstufe 7 aus den beiden Fächern Informatik und Physik. Das hier gewählte Beispiel ist dem Fach Physik zuzuordnen.

<table>
<tr><td>Schulart/-form:
Gymnasium (Bayern)</td><td>Jahrgangsstufe/Ausbildungsjahr:
7. Klasse</td></tr>
<tr><td colspan="2">Fach: Natur und Technik/Physik</td></tr>
<tr><td colspan="2">Zu erreichende Kompetenz laut Lehrplan:
Die Schülerinnen und Schüler …
• halten an einem Modellversuch zu einem physikalischen Phänomen aus der Natur oder der Technik ihre Beobachtungen in schriftlicher und zeichnerischer Form fest.
• nutzen ein einfaches Modell zum Magnetismus, um Eigenschaften eines Permanentmagneten und die Magnetisierbarkeit von Materialien unter altersangemessener Verwendung der Fachsprache zu erläutern, und erklären eine Möglichkeit zur Orientierung auf der Erde mithilfe des Erdmagnetfeldes.
(Staatsinstitut für Schulqualität und Bildungsforschung (ISB) o. J.)</td></tr>
<tr><td colspan="2">Besonderheiten bei der Planung (z. B. Kenntnisstand der Klasse im selbstgesteuerten Lernen, bestimmte Möglichkeiten/fehlende Möglichkeiten):
Die Lerngruppe hatte noch nicht mit HeLP-Plänen gearbeitet.
Da die Klasse keine iPuk-Klasse war, wurde für die Bearbeitung der digitalen Ressourcen ein iPad-Koffer zur Verfügung gestellt. Die Experimente wurden im Physiksaal von der Lehrkraft vorbereitet und an verschiedenen Stationen bereitgestellt.</td></tr>
<tr><td colspan="2">Reflexion bzgl. der Planung und der Kompetenzerreichung (z. B. Hat alles funktioniert?/Was hat überrascht?/Gab es Besonderheiten bei den Handlungsprodukten?):
In diesen Plan wurden Experimente integriert und die Rolle der Lehrkraft wurde ebenfalls festgelegt, weshalb auch unter Sozialform beim zweiten Teil „LSG", also Lehrkraft-Schüler/-in-Gespräch, vermerkt wurde.</td></tr>
</table>

Gymnasium Königsbrunn
HeLP
Klasse 7 Natur und Technik/Physik

Arbeitszeitraum:
4 Unterrichtsstunden

Lernsituation: Wir wissen, ein Magnet besteht immer aus einem Nordpol und einem Südpol. Diese gegensätzlichen Pole ziehen sich an, während gleiche Pole sich abstoßen. Auch unser Heimatplanet ist magnetisch. Doch wie funktioniert das überhaupt? Warum ziehen sich manche Gegenstände an und andere stoßen sich ab? Lasst es uns herausfinden!

<u>Pflichtthemen</u> (alle Themen sind bis zum festgelegten Zeitpunkt zu bearbeiten)

☑	Thema/Lernaufgabe	Aufgabe	Sozialform	Ressourcen	Orga/Feedback
☐	**1. Permanentmagnete, Elementarmagnete … Wie funktioniert überhaupt Magnetismus?**	a) Lies dir die Seiten 8–11 im Buch durch. b) Führe die verschiedenen Experimente durch, die auf den Tischen ausliegen. c) Fülle die Lücken auf dem AB aus und bearbeite die Aufgaben. d) Schau dir die einzelnen Videos zum Thema Magnetismus und Elektromagnetismus an.	EA/PA	AB „Hefteintrag und Aufgaben Magnetismus“ Buch „Fokus Physik 7“, S. 8–11 – Schüler/-innen-Experimente Link zu YouTube-Video „Entstehung Magnet Sendung mit der Maus“ Link zu YouTube-Video „Stärke des Elektromagneten“ von Ulrich Schütz Link zu YouTube-Video „Scrap Magnet – Verwendung Elektromagnet“ Link zu YouTube-Video „Breaking Bad: The Fifth Season – Destroying the Evidence“	**Arbeitszeiten:** 2 Stunden Shutterstock.com/FARBAI
☐	**2. Hat Strom Auswirkungen auf Magnetismus?**	Die Klasse entwickelt gemeinsam mit der Lehrkraft ein Experiment, um das herauszufinden.	LSG	AB „Experiment“	**Arbeitszeiten:** 2 Stunden Shutterstock.com/FARBAI

Diese Kompetenzen/Inhalte habe ich erworben, verfeinert.	**An diesen Kompetenzen/Inhalten muss ich noch arbeiten …**

Shutterstock.com

Cornelsen/Ulrike Vögl und Katrin Denk
Logo: Gymnasium Königsbrunn

Es zeigte sich auch in den Ergebnissen und im Feedback der Lernenden, dass man durchaus auch in den Naturwissenschaften mit selbstgesteuertem Lernen arbeiten kann, jedoch in meinen Augen auf eine andere Weise als beispielsweise in den Gesellschafts- oder Sprachwissenschaften. Während man z. B. in Fächern wie Geschichte, Sozialkunde oder Religion die Schülerinnen und Schüler selbstständig Sachverhalte, Gegebenheiten oder Ereignisse recherchieren und festhalten lassen kann, arbeitet die Naturwissenschaft anders. Üblicherweise erklärt die Lehrkraft eine Aufgabe und anschließend werden weitere Aufgaben eingeübt und ausprobiert. Dies kann man jedoch genauso gut in einem HeLP-Plan zusammenfassen und vorstrukturieren.

In Sprachen kann man in der Unter- und Mittelstufe ebenfalls mit selbstorganisiertem Lernen arbeiten. So ist es z. B. ohne Weiteres möglich, einen HeLP-Plan zu einem landeskundlichen Thema zu erstellen, wie Sie an folgendem Beispiel sehen. Der Plan wurde an die Unterrichtssprache Englisch angepasst, ebenso wie die Kompetenz-Evaluation.

<table>
<tr><td>Schulart/-form:
Gymnasium (Bayern)</td><td>Jahrgangsstufe/Ausbildungsjahr:
6. Klasse</td></tr>
<tr><td colspan="2">Fach: Englisch</td></tr>
<tr><td colspan="2">Zu erreichende Kompetenz laut Lehrplan:
Kompetenzerwartungen und Inhalte
Die Schülerinnen und Schüler …
• verfügen über Orientierungswissen zu einigen wichtigen geographischen und historischen Gegebenheiten im UK […] sowie zur Alltagskultur. (Staatsinstitut für Schulqualität und Bildungsforschung (ISB) o. J.)</td></tr>
<tr><td colspan="2">Besonderheiten bei der Planung (z. B. Kenntnisstand der Klasse im selbstgesteuerten Lernen bestimmte Möglichkeiten/fehlende Möglichkeiten):
Die Lerngruppe hatte noch nie mit HeLP-Plänen gearbeitet.
Da die Klasse keine iPuk-Klasse war, musste für die Bearbeitung der Computerraum gebucht werden. Einige Schülerinnen und Schüler brachten ihr eigenes digitales Endgerät von zu Hause mit.
Der HeLP-Plan wurde an das Fach Englisch angepasst und auf Englisch geschrieben.</td></tr>
<tr><td colspan="2">Reflexion bzgl. der Planung und der Kompetenzerreichung (z. B. Hat alles funktioniert?/Was hat überrascht?/Gab es Besonderheiten bei den Handlungsprodukten?):
Die Sechstklässler sind gut mit der eigenständigen Arbeit zurechtgekommen. Sie benötigen mehr individuelles Feedback als ältere Schülerinnen und Schüler, zeigen aber auch mehr Kreativität und Willen zur Eigenleistung. Die Kürze des Planes passt gut zum Alter der Lerngruppe.</td></tr>
</table>

Ulrike Vögl
HeLP
6th grade/Great Britain

Timeline:
2 lessons

learning situation: Great Britain, England, the UK … Do all of these names mean the same? Let's find out!

Topic	Task	How to …	Ressources	Orga/Feedback
☑ ☐ **Great Britain – what does this term even mean? What is Great Britain?**	1.) **Find facts** about Great Britain. (flags, capitals, countries) Use the map in your book. (Make a poster/mind map or write down the facts into your exercise book.) 2.) **Draw all the flags** oft he countries that belong to Great Britain in your exercise book. 3.) Pick **one** country that belongs to Great Britain and find out **three interesting facts** about it. **Present** your results to your classmates. (possible form of presentation: mind map, advertisement, powerpoint…)	open (you can work alone or with a partner or multiple partners)	– **Green Line 2, p.298** – **map on the wall in your classroom** **Online sources:** – **https://www.natgeokids.com/uk/discover/geography/countries/facts-about-scotland/** – **https://www.wales.com/about/facts-about-wales** – **https://www.ireland.com/en-gb/magazine/culture/ten-fun-facts-northern-ireland/**	**Arbeitszeiten:** **20.10.** **25.10.** ☺ 😐 ☹ Shutterstock.com/FARBAI

Shutterstock.com

<u>Thoughts on my learning process</u>

I managed to learn/improve the following skills:	I have to work on these skills:

Natürlich durfte auch bei diesem Plan die Kurzreflexion des individuellen Lernprozesses (s. Kap. 3.1) nicht fehlen. Dieser HeLP-Plan ist von den Schülerinnen und Schülern meiner 6. Klasse sehr gut angenommen worden. Zunächst mussten sie sich erst mit der neuen Aufgabenform vertraut machen, gingen dann aber nach kurzer Zeit munter ans Werk. Gerade in diesem Alter ist doch eine sehr unterschiedliche Umgangsweise mit Aufgaben zu beobachten. So arbeiten manche Kinder noch recht langsam und haben oft Mühe, dem Tempo der Klassenkameradinnen und -kameraden zu folgen. Bei diesem Plan konnten die Kinder ihre eigene Geschwindigkeit bestimmen. Trotzdem hatten sie die Möglichkeit, mit den neben ihnen sitzenden Kindern zu vergleichen, wie sie in der Zeit lagen. Die Sechstklässer haben sich bei der Ausarbeitung sehr viel Mühe gegeben und fanden es toll, dass sie ihre Ergebnisse unter der Dokumentenkamera präsentieren duften. Ursprünglich hatte ich vor, nur ein paar Resultate exemplarisch präsentieren zu lassen, habe mich dann jedoch umentschieden, als mir bewusst wurde, dass wirklich jedes Kind stolz auf seine Arbeit war und dies von mir auch honoriert werden musste, indem ich allen eine kleine Bühne bot.

In vielen Elterngesprächen, die man in diesem Lernalter ja noch häufiger führt, kam heraus, dass sich die Kinder zu Hause überwiegend sehr positiv über das eigenständige Lernen geäußert haben und ihren Eltern ihre Ergebnisse ebenfalls präsentiert haben.

Nun haben wir Beispiele aus unterschiedlichen Fachrichtungen für die Unter- und die Mittelstufe gesehen. Mein Fazit: Selbstorganisiertes Lernen funktioniert auch hervorragend bei jüngeren Schülerinnen und Schülern. Die Vorgehensweise unterscheidet sich insgesamt nicht so sehr von der Oberstufe, doch wird man als Lehrkraft die Herangehensweise mehr an die Lerngruppe anpassen müssen. Die Anleitungen können dadurch kleinschrittiger sein, wie Sie an meinem letzten Beispiel sehen, aber dennoch erhalten die Schülerinnen und Schüler immer ein gewisses Maß an Eigenverantwortung und Mitgestaltungsmöglichkeiten. Im Sinne eines nachhaltigen Lernens ist dies absolut wünschenswert.

7 HeLP – die Praxis in der Oberstufe/ Fachschule/Berufsschule

7.1 HeLP – die Praxis: konkrete Vorgehensweise bei der Erstellung eines HeLP-Plans

In Klassen und Kursen, die keine Erfahrung mit HeLP haben, führe ich zunächst das HeLP-Einführungsmodul, wie in Kapitel 5 beschrieben, durch. Als Beispiel für die Vorgehensweise bei der Erstellung eines HeLP-Plans wähle ich einen aus dem beruflichen Gymnasium, Leistungskurs Pädagogik 12. Jahrgangsstufe, aus.

7.1.1 Sichtung Lehrplan und Inhaltsbestimmung

Wenn eine neue Unterrichtsreihe ansteht, steht an erster Stelle natürlich die Sichtung des Lehrplans. So steht beispielsweise im Lernbaustein 5 des Lehrplans für das Berufliche Gymnasium im Fach Pädagogik die Kompetenz „Bildungs- und Erziehungsprozesse in Schulen beschreiben und beurteilen" (Ministerium für Bildung Rheinland-Pfalz, 2012, S. 14). Diese bildet den Rahmen für die geplante Unterrichtseinheit.

Diese Kompetenz gilt es mit Inhalten zu füllen, die nur marginal im Lehrplan erwähnt sind. Diese Tatsache nutze ich, um eine Schüleraktivierung und -motivierung zu erreichen. Zum einen bietet sich hier (wie so oft im Fach Pädagogik) eine initiale biographische Arbeit an, bei der die Lernenden ihren eigenen Bildungsweg reflektieren und somit für die weiteren Themen aktiviert und dafür interessiert werden. Zum anderen kann man bei der Erstellung der Lernaufgaben auf Besonderheiten in der Klasse bzw. im Kurs eingehen. Gibt es vielleicht Lernende, die eine reformpädagogische Schule besucht haben? Dann bietet es sich an, diese als Thema zu integrieren. Natürlich kann man alternativ auch ein erstes Brainstorming zum Thema „Schule" machen und somit die Interessenslage der Lernenden eruieren, um daraus anschließend Inhalte herauszufiltern und in den HeLP-Plan zu übernehmen.

7.1.2 Überführung der Inhalte in eine Lernsituation

Die Formulierung einer passenden Lernsituation braucht Übung, da sie viele Kriterien in sich vereinen muss (s. Kap. 2.2). Es macht aber auch viel Spaß, sich Lernsituationen und später auch Lernaufgaben zu überlegen.

Für die geforderten Kompetenzen habe ich folgende Lernsituation formuliert:

> Sie besuchen das berufliche Gymnasium der BBS II Kaiserslautern. Ihr Weg dorthin führte Sie durch verschiedene Bildungseinrichtungen und Schulformen, manche Lernende besuchten im Vorfeld auch alternative Schulen. So vielfältig wie die Schulformen sind, so variantenreich ist auch der Unterricht, den Sie erlebt haben. Ihnen begegnen verschiedene didaktische Konzepte sowie benotete und nicht benotete Arbeiten.
> Schule hat sich im Laufe der Zeit verändert, da die Schülerschaft (und die Gesellschaft) sich geändert haben. Sie hat aber immer noch die gleichen, von der Gesellschaft zugeschriebenen Funktionen. Ob diese noch zeitgemäß sind?

Diese Lernsituation bildet das Gerüst und den sinnvollen Rahmen für die Unterrichtseinheit. Die Lernenden untersuchen zunächst die Lernsituation auf mögliche Inhalte und Frage-, bzw. Problemstellungen und benennen diese. Dies dient als Grundlage für die Besprechung der weiteren Aufgaben im HeLP-Plan. Hier kommt es auch immer wieder vor, dass Lernende Zusatzthemen benennen, die sie sehr interessieren. Diese dürfen sie gerne als Wahlthema bearbeiten und der Klasse präsentieren.

Nun sehen Sie die gleiche Lernsituation noch einmal. Die Nummerierung in Klammern zeigt zum einen die unterschiedlichen Aufgaben an, die darin verborgen sind und die Reihenfolge, in die ich sie gebracht habe.

> **Lernsituation:** Sie besuchen das berufliche Gymnasium der BBS II Kaiserslautern. Ihr Weg dorthin führte Sie durch verschiedene Bildungseinrichtungen und Schulformen (1), manche Lernende besuchten alternative Schulen (5). So vielfältig wie die Schulformen sind, so variantenreich ist auch der Unterricht, den Sie erlebt haben. Ihnen begegnen verschiedene didaktische Konzepte, benotete und nicht benotete Arbeiten (3).
> Schule hat sich im Laufe der Zeit verändert, da die Schülerschaft (und die Gesellschaft) sich geändert haben (4). Sie hat aber immer noch die gleiche, von der Gesellschaft zugeschriebene Funktionen (2). Ob diese noch zeitgemäß sind (6)?

So ergibt es beispielsweise Sinn, sich zunächst mit dem Bildungssystem allgemein zu beschäftigen und sich dessen Funktionen anzuschauen, bevor man auf die anderen Aufgaben eingeht.

Die Lernsituation erfüllt somit die Forderung nach Orientierung für die Lernenden und nach einem strukturierten Wissensaufbau. Da das vorherige Thema im besagten Kurs „Elementarpädagogik" war, war auch eine stringente Vernetzung gegeben.

Durch die Problemorientierung weist die Lernsituation auch auf Ziele der Unterrichtseinheit hin. Durch die authentische Ansprache („Sie besuchen das berufliche Gymnasium ...") und den Lebensweltbezug werden die Lernenden motiviert, selbst aktiv zu werden.

7.1.3 Von der Lernsituation zur Lernaufgabe

Wir rufen uns noch einmal ins Gedächtnis, was die Funktionen einer Lernaufgabe sind: Sie soll den Lernenden bzw. die Lernende durch eine Problemorientierung herausfordern, sich notwendiges Wissen zunächst anzueignen, um dieses dann im Anschluss bei der Beantwortung der Lernaufgabe direkt anzuwenden.

Thema/ Lernaufgabe
1 Bildungssystem BRD inklusive Bildungssystem BBS – **Kann man von DER deutschen Schule sprechen? Wie passt eine BBS ins Bild?**

Cornelsen/Heike Beardsley

Abb. Thema/Lernaufgabe

Die kurz und knackig formulierte Lernaufgabe zum Bildungssystem kann nicht mit „ja" oder „nein" beantwortet werden, sie fordert aber zu einer ersten Plenumsdiskussion auf. Dies ist durchaus intendiert. Die Lernenden werden zum einen für das Thema sensibilisiert. Sie können aber auch Vorwissen aktivieren und erste Einschätzungen abgeben. Gleichzeitig wird ihnen bewusst, dass sie Informationen benötigen, um die Frage adäquat beantworten zu können. Dies aktiviert und motiviert sie, sich mit der konkreten Aufgabenstellung in der zweiten Spalte auseinanderzusetzen.

Beispiel für eine Schülerantwort zur obigen Lernaufgabe:

„Auf der einen Seite kann man auf keinen Fall von DER deutschen Schule sprechen. So gibt es zunächst unterschiedliche Schularten, wie Grundschule, Realschule Plus (nur in Rheinland-Pfalz) und die Gesamtschule, wie auch das Gymnasium. Will ein Kind sein Abitur machen, gibt es beispielsweise verschiedene Wege. Nach der Absolvierung des Qualifizierten Sekundarabschluss 1, Ende der 10. Klasse, können die Schüler ebenfalls das Abitur auf einem Gymnasium anstreben, genauso wie die, die nach der 4. Klasse direkt auf das Gymnasium wechselten. Heutzutage gibt es mehrere

Wege sein Abitur (allgemeine Hochschulreife) zu absolvieren, abgesehen von den 3 Jahren Oberstufe am allgemeinbildenden Gymnasium. An Berufsbildenden Schulen kann man ebenso mit 3 Jahren Präsenzunterricht den Sekundarbereich 2 mit Abitur abschließen. Wenn die Schüler kein Gymnasium besuchen möchten/können, jedoch ein Ziel vor Augen haben, wofür das Abitur nötig ist, gibt es auch andere Möglichkeiten. Sie können nach der 10. Klasse auf Höheren Berufsfachschulen, Dualen Berufsoberschulen oder Berufsoberschulen 1 die Fachhochschulreife erwerben. Mit diesem Abschluss können Schüler dann auf einer Berufsoberschule 2 ebenfalls ihr Abitur machen. Dies ist nur ein Beispiel für die Transparenz des deutschen Bildungswesens.
Auf der anderen Seite gibt es natürlich Lehrpläne, die zumindest innerhalb eines Bundeslandes Bildung vereinheitlichen. Auch länderübergreifende Bildungsstandards der Kultusministerkonferenz versuchen eine Einheit innerhalb der Bundesrepublik herzustellen, sodass es zumindest teilweise DIE deutsche Schule gibt.“
(Alessia)

Die Lerninhalte, die die Lernenden erarbeitet haben, dienen als Grundlage für die Beantwortung der Lernaufgabe. Damit sie wissen, wie sie hierbei vorzugehen haben, benötigten sie jedoch eine klare Aufgabenformulierung.

7.1.4 Der konkrete Arbeitsauftrag

Wie schon mehrfach betont, muss bei einem Arbeitsauftrag zu selbstgesteuertem Lernen die Devise lauten: je deutlicher und klarer, desto besser! In unserem Beispiel hier, einer 12. Klasse des beruflichen Gymnasiums, kann dieser selbstverständlich deutlich komplexer und großschrittiger formuliert sein, als in einer 5. Klasse. Aber auch hier variieren die Arbeitsaufträge innerhalb eines HeLP-Plans. Die Aufgabe 1 ist oftmals eine Art „Warm-up“. Sie dient der Schüleraktivierung und verstärkt den Lebensweltbezug.

Der Arbeitsauftrag, zur gerade besprochenen Lernaufgabe lautet wie folgt.

Aufgabe
1) Erstellen Sie auf der Grundlage des Bildungssystems der BRD einen genauen Überblick über Ihre eigene Bildungsbiographie mit Ausblick auf Ihre berufliche Zukunft. Klären Sie unbekannte Begriffe in einem Glossar. 2) Beantworten Sie die Lernaufgabe. (frei wählbares Handlungsprodukt: Zeitstrahl, Plakat,PPP, Paper...).

Abb. Arbeitsauftrag 1

Der Arbeitsauftrag ist, wie so oft, zweigeteilt, da die Beantwortung der Lernaufgabe immer mit gefordert wird. Hier wird durch das Erstellen einer individuellen Bildungsbiographie ein deutlicher Lebensweltbezug hergestellt und Vorwissen aktiviert. An einer BBS haben Lernende oftmals ganz unterschiedliche Bildungsgeschichten, weshalb diese Aufgabe einen Großteil des deutschen Bildungssystems darstellen wird, wenn man sie im Plenum betrachtet.

Bei biographischen Bezügen gilt es natürlich, immer mit Fingerspitzengefühl zu agieren und die Privatsphäre der Lernenden zu schützen. Deshalb arbeite ich hier in der Konsolidierung immer mit freiwilligen Meldungen. Keine/-r wird gezwungen die eigene Bildungsgeschichte vor den anderen offen zu legen. Erarbeitet werden muss sie allerdings von allen. Da die Aufgaben mit einem digitalen Klassenzimmer verbunden sind, kann nur die Lehrkraft Einblick in die jeweiligen Ergebnisse nehmen.

Die Formate, die die Lernenden gewählt haben, waren divers: Einfache Word-Dokumente, Padlets mit und ohne Zeitstrahl, Pages und GoodNotes-Dokumente wechselten sich mit PowerPoint-Präsentationen und MindMap-artigen Darstellungen ab.

1) Erarbeiten Sie die Funktionen von Schule 2) Erörtern Sie die Funktionen, auch auf der Grundlage Ihrer eigenen Erfahrungen sowie dem Schulgesetz und überprüfen Sie, ob diese Funktionen noch zeitgemäß sind. 3) Beantworten Sie die Lernaufgabe. (Handlungsprodukt frei wählbar)

Abb. Arbeitsauftrag 2

Der Variationsreichtum ist bei komplexeren Aufgaben entsprechend größer und erfordert genaue Planung des eigenen Lernprozesses vonseiten des/der Lernenden. Die zweite Aufgabe des HeLP-Plans beinhaltet durch drei Teilschritte eine höhere Komplexität.

Auch hier zeigte sich eine große Vielfalt an Handlungsprodukten. Graphische Darstellungen wechselten sich mit Tabellen, PowerPoint-Präsentationen etc. ab.

7.1.5 Ressourcenbestimmung

Als nächsten Schritt muss die Lehrkraft eine Auswahl an Quellen und Hilfsmitteln benennen, die der bzw. die Lernende zur Auftragserfüllung benötigt. Je nach Schulform und Jahrgangsstufe kann man hier entweder bestimmte Quellen mit oder ohne Auswahlmöglichkeit vorgeben oder auch eine Ergänzung der Quellen durch die Lernenden fordern.

Digitale Quellen bieten sich oftmals an. Auch hier sind die Lernenden natürlich gefordert, die Quelle bzgl. des Inhalts- und Aktualitätsgehalts zu überprüfen (s. Kap. 3.3 Medienkompetenz), was wiederum die Methodenkompetenz stärkt. Idealerweise gibt es eine Kombination aus analogen und digitalen Quellen. So kann man selbstverständlich durchaus auch bestimmte Seiten im Schulbuch angeben oder Arbeitsblätter verlinken bzw. austeilen, die als Quelle genutzt werden können. An diesem Punkt ist der Umgang mit richtigem Zitieren und das Einhalten des Urheberrechts noch einmal zu erwähnen und dies sollte auch zwingend im weiteren Unterricht thematisiert werden. Bei der Erstellung eigener Handlungsprodukte müssen die Lernenden klare Richtlinien und Regeln haben, an denen sie sich orientieren können. Das Fach Deutsch bietet sich als Kooperationspartner hierfür an, aber grundsätzlich sollte man als Kollegium überlegen, einheitliche Richtlinien herauszugeben und sich in allen Fächern daran zu halten. An meiner Schule führen die Schülerinnen und Schüler im beruflichen Gymnasium ab Eintritt ein Portfolio, in dem feste Regeln wie diese für alle verbindlich festgehalten sind und im Laufe ihrer Zeit bei uns mit Best-Practice-Beispielen gefüllt werden. Somit gibt es eine feste Struktur und verbindliche Regeln, an denen sich sowohl Lernende als auch Lehrende orientieren können.

Im beruflichen Gymnasium gebe ich, je älter und erfahrener die Lernenden sind, weniger Quellen an, um sie in ihrer eigenen Recherchekompetenz zu fördern. So finden sich nur folgende Links zu Onlineressourcen für die Aufgabe im Plan:

Internetlinks:

Funktionen von Schule nach Fend:
Link zum Artikel „Aufgaben und Funktionen von Schule“ von Gonschorek und Schneider
Link zum Artikel „Gesellschaftliche Funktionen institutionalisierter Erziehung und ihre Umsetzung durch die Schule“ von Lars Perle

Schulgesetz:
http ://landesrecht. rip. de/jportal/portal/t/rln/page/bsrlpprod.psml/action/portlets .jw.MainAction?p1=5&eventSubmit_doNavigate=searchlnSubtreeTOC&showdoccase=1&doc.hl=0&doc.id=jlr-SchulGRP2004V23P1&doc.part=S&toc.poskey=#focuspoint

Abb. Ressourcen: Internetlinks

7.1.6 Orga/Feedback

Jeder HeLP-Plan enthält weiterhin die Angabe des Zeitraumes innerhalb dessen die Erarbeitung des Themengebiets erfolgen muss. Auf diese Weise können sich die Schüler/-innen jederzeit orientieren und lernen, ihren Arbeitsprozess so zu organisieren, dass sie zum Konsolidierungszeitraum mit ihrer jeweiligen Aufgabe fertig sind. Auch Schüler/-innen, die krankheits- oder quarantänebedingt zuhause bleiben müssen, wissen, was in jeder Stunde inhaltlich zu erledigen ist.

Zur Wichtigkeit und zum Zweck der Orga/Feedback-Spalte wurde bereits Einiges gesagt (s. Kap. 2.7). In der Oberstufe oder in der Arbeit mit älteren Lernenden sind die Arbeitszeiten oft entsprechend länger als in der Unterstufe. Aber auch hier bietet es sich an, gestaffelt vorzugehen. Führen Sie die Arbeit mit HeLP in Klasse 11 oder 12 ein, sollten Sie zunächst kürzere Arbeitsphasen vorsehen, um die Lernenden an diese Art des Arbeitens heranzuführen und zu gewöhnen. Doch bereits im zweiten HeLP-Plan kann eine Steigerung der Arbeitszeit erfolgen, da die Lernenden das Bearbeiten von komplexeren Aufgaben eher gewohnt sind als jüngere Schüler/-innen.

So kommt es durchaus vor, dass eine Aufgabe im HeLP-Plan eine Arbeitsphase von zwei Wochen oder mehr umfasst. Mit Größe und Umfang der Handlungsprodukte der Lernenden muss aber auch entsprechend mehr Zeit für die Konsolidierung und Aufgabenpräsentation geplant werden. Ich persönlich arbeite hier immer mit Datumsangaben, während einige Kolleg/-innen mit Stundenangaben arbeiten (s. Beispiele in Kap. 7.2).

Die Angabe des konkreten Datums hat meiner Ansicht nach den Vorteil, dass man jederzeit orientiert ist. Andererseits kann es durchaus auch vorkommen, dass man aufgrund von unvorhergesehenen Terminkollisionen die Zeitangaben in einem HeLP-Plan überarbeiten und anpassen muss. Das ist in der Variante mit den Stundenangaben nicht der Fall. Ich möchte Ihnen hier ein Beispiel aus demselben HeLP-Plan zeigen, für die eine längere Arbeits- aber auch Präsentationsphase angesetzt war:

<table>
<tr>
<td>5

Veränderte Schulkonzepte
–

Neue Wege führen zum Ziel?</td>
<td>1) Beschreiben Sie ein alternatives Schulmodell Ihrer Wahl zur Schulentwicklung und vergleichen Sie dieses mit einem weiteren aus folgender Liste:
– Montessori Schule
– Waldorfschule
– Laborschule Bielefeld

2) Erläutern Sie anschließend die Ergebnisse der Hattie Studie und analysieren Sie, ob Ihr alternatives Schulmodell den Forderungen von Hattie gerecht wird.</td>
<td>F
W</td>
<td>Laborschule Bielefeld:
http://laborschule-bielefeld.de/de/medien (Film auf der Homepage)

Montessori:
http://www.montessori-landau.de/

Waldorfschule:
https://bildungsforschung.hhu.de/100-jahre-waldorfpaedagogik/
https://www.frss-ottersberg.de/
https://www.fiw-mannheim.de/

schulforscher-john-hattie.pdf (Arbeitsblatt zu Hattie im Onlineklassenzimmer)

Alle Quellen sind durch Eigenrecherche zu ergänzen!</td>
<td>Arbeitszeiten:
25.02.
02.03.
09.03.
11.03.

Präsentation:
16.03.
18.03.

☺😐☹</td>
</tr>
</table>

Abb. Beispiel längere Arbeitsphase

Die Arbeitsphase erstreckt sich aufgrund des komplexen Arbeitsauftrages auf acht Stunden (vier Doppelstunden) und zwei Doppelstunden sind zur Konsolidierung angesetzt.

Es kommt vor, dass die angesetzte Zeit nicht reicht. Dann können Sie, wenn Sie die Möglichkeit haben, mehr Zeit geben. Ich rate jedoch ab, dies zur Regel werden zu lassen, da dann die zeitliche Orientierung für die Lernenden schwierig wird. Eine äußerst wichtige Kompetenz, die die Lernenden beim eigenverantwortlichen Lernen erreichen sollen, ist die, mit der vorgegebenen Zeit zurechtzukommen und den Arbeits- und Lernprozess so zu organisieren, dass sie zum Tag X mit ihrem Handlungsprodukt fertig sind. Ändert die Lehrkraft nun aber permanent die Zeiten, wird dieser Effekt zunichtegemacht. Dennoch kann es, vor allem im Sinne der Wertschätzung und Zugewandtheit den Lernenden gegenüber, vorkommen, dass man z. B. für die Konsolidierung mehr Zeit einplanen muss. Es gibt immer wieder Lernende, die die erarbeiteten Produkte zusätzlich und ausführlich vorstellen möchten. Dem sollten Sie, wenn irgend möglich, Raum geben. Die Erfahrung zeigt, dass die Lernenden ihre Produkte zeigen und präsentieren wollen. Sie haben einen Stolz auf ihre Arbeitsleistung entwickelt und fordern auch bewusst Feedback von ihren Peers dazu ein.

Dies als Lehrkraft, die die Lernenden auf dem Weg zum autonomen Arbeiten begleitet, beobachten zu können, ist sehr befriedigend, da so der erreichte Kompetenzzuwachs (s. Kap. 3.2 Handlungskompetenzraster) sehr offensichtlich wird. Ich habe mir aus diesem Grund angewöhnt, wo immer möglich ein bis zwei Reservestunden in meine HeLP-Pläne einzubauen, die ich für diese Dinge nutzen kann.

7.2 Weitere Beispiele aus der Oberstufe

Kolleginnen und Kollegen aus meiner Schule, der BBS II Wirtschaft und Soziales in Kaiserslautern, waren bereit, aktuelle HeLP-Pläne inklusive Planungs- und Reflexionsraster für dieses Buch als Anschauungsmaterial bereitzustellen. Die folgenden HeLP-Pläne sollen Ihnen als Anschauungsbeispiele für Möglichkeiten des selbstgesteuerten Lernens in unterschiedlichen Fächern dienen. So sind die Naturwissenschaften durch das Fach „Gesundheit“ vertreten, die Wirtschaftswissenschaften durch „BWL“, die Gesellschafts- und Geisteswissenschaften durch „Pädagogik“ und „Ethik“, sowie die Sprachen durch „Englisch“. Jedem HeLP-Plan sind ein Plan- und Reflexionsraster vorangestellt, die Ihnen zur Orientierung dienen sollen und die Ihnen hier vorgestellt werden. Die HeLP-Pläne selbst finden Sie unter den entsprechenden Weblinks.

7.2.1 HeLP-Plan zum Thema „Elementarpädagogik"

Dieser HeLP-Plan beschäftigt sich mit dem elementarpädagogischen Bereich und blickt auch auf die landesspezifischen Anforderungen (Bildungs- und Erziehungsempfehlungen für Kitas in RLP) für die pädagogische Arbeit. Aber auch die Reformpädagogik kommt nicht zu kurz, da beispielsweise Montessori- oder Waldorf-Kindertagesstätten unsere elementarpädagogische Bildungslandschaft mit prägen. Die Lernsituation greift sowohl den bildungsbiografischen Hintergrund der Lernenden als auch einen möglichen pädagogischen Ausbildungsberuf (Erzieher/-in) auf.

<table>
<tr><td>Schulart/-form: BBS/Berufliches Gymnasium</td><td>Jahrgangsstufe 12</td></tr>
<tr><td colspan="2">Fach: Pädagogik (Leistungskurs)</td></tr>
<tr><td colspan="2">Zu erreichende Kompetenzen laut Lehrplan:
• Frühkindliche Bildung in familienergänzenden Institutionen beschreiben und deren Bedeutung im gesellschaftspolitischen Kontext einordnen.
• Die Bildungs- und Erziehungsempfehlungen für Kitas in RLP analysieren und deren Umsetzung in Einrichtungen für 0–6-Jährige bewerten.
• Unterschiedliche reformpädagogische Konzeptionen analysieren. [...]
(Ministerium für Bildung Rheinland-Pfalz 2012a, S. 13)</td></tr>
<tr><td colspan="2">Besonderheiten bei der Planung:
Es handelte sich hierbei um den zweiten HeLP-Plan einer 12. Jgst. Die Lernenden haben im ersten Plan somit bereits einige Erfahrungen im selbstgesteuerten Lernen sammeln können.
In diesem HeLP-Plan wiederholte sich die Formulierung „Erstellen Sie hierzu ein geeignetes Handlungsprodukt". In späteren HeLP-Plänen ist diese explizite Ausweisung der Eignung nicht mehr notwendig, doch da dies erst der zweite HeLP-Plan für die Lerngruppe war, wurde das in diesem Plan thematisiert. Bei der Vorbesprechung der Aufgabe ging ich im Plenumsgespräch auf das Thema der Eignung ausführlich ein. Die Lerngruppe benannte und diskutierte verschiedene Möglichkeiten. Ich ergänzte durch das Zeigen weitere Möglichkeiten bzw. verwies auf einen Link zu Methoden-/Handlungsprodukten.</td></tr>
<tr><td colspan="2">Reflexion bzgl. der Planung und der Kompetenzerreichung:
Interessanterweise konnte die Lerngruppe eine Vielzahl an Handlungsprodukten im Plenumsgespräch benennen und im Anschluss auch nutzen. PowerPoint-Präsentationen, Padlets, TaskCards, MS Sway und Word Dokumente wurden als Handlungsprodukte benannt und anschließend auch in dieser Vielzahl erstellt. Eine Dreiergruppe produzierte gar einen Erklärfilm zum Thema Montessoripädagogik.
Die Lerngruppe gab an, durch die HeLP-Pläne in anderen Fächern, bereits einen relativ breiten Überblick über mögliche Handlungsprodukte erlangt zu haben, was sehr erfreulich ist. Der Film fand besonderen Anklang und einige Lernende nahmen sich fest vor, dieses Medium zukünftig für eine geeignete Aufgabe zu nutzen.</td></tr>
</table>

WEBCODE
Den kompletten HeLP-Plan des Pädagogik-LKs zum Thema „Elementarpädagogik“ finden Sie hier als Webcode zum Download:
cornelsen.de/codes
Code: suhove

7.2.2 HeLP-Plan zum Thema „Sozialisation“

In der 13. Jahrgangsstufe befassen sich die Lernenden des Leistungskurses mit dem Großthema „Sozialisation“. Dieser HeLP-Plan ist der erste in einer Reihe von Plänen, die sich mit diesem Themengebiet beschäftigen. Als Lernsituation wird hier ein Lebensweltbezug zu den Lernenden hergestellt, die sich alle im Jugend- bzw. jungen Erwachsenenalter befinden.

<table>
<tr><td>Schulart/-form: BBS/Berufliches Gymnasium</td><td>Jahrgangsstufe 13</td></tr>
<tr><td colspan="2">Fach: Pädagogik (Leistungskurs)</td></tr>
<tr><td colspan="2">Zu erreichende Kompetenzen laut Lehrplan:
• Sozialisations- und Identitätsprozesse im Lebenszyklus und -umfeld beschreiben und die eigene Entwicklung in Kindheit und Jugend reflektieren.
• Konzepte zur Sozialisation und Identitätsentwicklung bewerten und für Entwicklungsprozesse nutzbar machen.
(Ministerium für Bildung Rheinland-Pfalz (2012b), S. 13)</td></tr>
<tr><td colspan="2">Besonderheiten bei der Planung:
Dieser Kurs hat bereits ein Jahr Erfahrung in der Arbeit mit HeLP. Dementsprechend wird auf Hinweise zu möglichen Handlungsprodukten verzichtet. Eine Ausnahme bietet hier die letzte Zeile (Zusatz-SL/Zusatz-Sonstige Leistung).
Aufgabe 3 ist eine benotete Aufgabe und zugleich Einstieg in die Wiederholungsphase vor dem Abitur. Die Lernenden sollen ihr Vorwissen aus dem Vorjahr aktivieren und den roten Faden finden, der die Einzelthemen miteinander verknüpft.
Die Präsentationen sind mit jeweils 30 Min. plus 15 Min. Fragezeit veranschlagt.</td></tr>
<tr><td colspan="2">Reflexion bzgl. der Planung und der Kompetenzerreichung:
Die Lernenden hatten keine Probleme bei der Aneignung von Krappmanns Theorie. Es fiel einigen Gruppen jedoch zunächst schwer, die richtige Herangehensweise für die Aufgabe 3 zu finden, wobei sie das dann doch gut gelöst haben. Hier konnte ich jeweils ein gruppeninternes Brainstorming bzgl. des geeigneten Handlungsprodukts beobachten. Verschiedene, bereits genutzte Handlungsprodukte haben die Lernenden mit ihrem Für und Wider gegeneinander abgewogen, bevor sie eine Entscheidung trafen. An dieser Stelle wurde der bisher erfolgte Zuwachs an Methodenkompetenzen und digitalen Kompetenzen sehr deutlich.</td></tr>
</table>

Die Handlungsprodukte umfassten auch hier eine große Spanne. Es entstanden Padlets, TaskCards, Pinups, Miro-Wände und ein Word-Dokument. Die Lernenden äußerten sich nach der Arbeitsphase sehr zufrieden, da ihnen bewusst geworden ist, dass sie einen Großteil der Abiturwiederholung dadurch bereits vorgenommen hatten. Ich verweise hier auch immer auf die Möglichkeit, das bei Aufgabe 3 entstandene Produkt über die Jahrgangsstufe 13 „wachsen" zu lassen. Somit hätten die Lernenden den „Abistoff" bereits in einem Produkt zusammengefasst.

WEBCODE

Den kompletten HeLP-Plan des Pädagogik-LKs zum Thema „Sozialisation" finden Sie hier als Webcode zum Download:

cornelsen.de/codes

Code: qanevi

7.2.3 HeLP-Plan zum Thema „Wichtigkeit der englischen Sprache"

Im Lehrplan Englisch sind weniger konkrete Themen benannt, sondern Sprachkompetenzen. Dieser HeLP-Plan nimmt als Thema die Wichtigkeit der englischen Sprache in den Blick. Die Lernsituation spricht die Lernenden des Leistungskurses direkt an. Sie erinnert zum einen an die Wahl, die sie mit dem Fach getroffen haben und dient auch als eine Art Wegweiser für die kommende Unterrichtseinheit.

Schulart/-form: BBS/Berufliches Gymnasium	**Jahrgangsstufe 12**
Fach: Englisch (Leistungskurs)	
Zu erreichende Kompetenzen laut Lehrplan: LB2: Kann die Hauptinhalte komplexer Texte zu konkreten und abstrakten Themen verstehen; versteht im eigenen Spezialgebiet auch Fachdiskussionen. Kann sich so spontan und fließend verständigen, dass ein normales Gespräch mit Muttersprachlern ohne größere Anstrengung auf beiden Seiten gut möglich ist. Kann sich zu einem breiten Themenspektrum klar und detailliert ausdrücken, einen Standpunkt zu einer aktuellen Frage erläutern und die Vor- und Nachteile verschiedener Möglichkeiten angeben. Von der Lehrkraft gewähltes Thema: English as a lingua franca (Ministerium für Bildung Rheinland-Pfalz 2014)	
Besonderheiten bei der Planung: Dieser Kurs hat im Fach Englisch bislang keine Erfahrung in der Arbeit mit HeLP. Dementsprechend bekommen die Lernenden einen Hinweis auf mögliche Handlungsprodukte in Aufgabe 1.	

Die Aufgaben sind kleinschrittig aufgebaut und es finden sich viele Ressourcen für die Bearbeitung. Bei einer fortgeschrittenen Lerngruppe wäre das „Gerüst“ kleiner.
Reflexion bzgl. der Planung und der Kompetenzerreichung: Es stellte sich heraus, dass die Lernenden mit dem HeLP-Raster gut zurechtkamen. Etwa die Hälfte der Schüler/-innen besucht andere Leistungskurse, die ebenfalls mit HeLP arbeiten, und kannte das Konzept daher bereits. Die Handlungsprodukte waren v.a. bei der ersten Aufgabe recht divers. Viele Lernende erstellten Timelines und nutzten hierfür TaskCards, Padlet, PowerPoint oder GoodNotes. Bei Aufgabe 3 wurden erfreulicherweise Ergebnisse aus den Aufgaben 1 und 2 in die folgende Klassendiskussion einbezogen. Die Lernenden konnten so ihren Kompetenzzuwachs deutlich nachweisen. Selbst abstrakte Themen, wie beispielsweise das Konzept „Globish“, das eine neu konstruierte Sprache basierend auf faktisch korrektem, aber stark verkürztem Englisch (in Bezug auf Wortschatz und Grammatik) darstellt, wurde von den Lernenden inhaltlich verstanden und detailliert wiedergegeben.

WEBCODE

Den kompletten HeLP-Plan des Englisch-LKs finden Sie hier zum Download:

cornelsen.de/codes

Code: gavewa

7.2.4 HeLP-Plan zum Thema „Staatsphilosophie“

Meine Kollegin Jasmin Stumpf, die uns diesen Plan zur Verfügung gestellt hat, hat den Weg gewählt, das große Thema „Staatsphilosophie“ für die Lernenden transparent in einem Halbjahresplan aufzufächern. Um einem der Hauptziele des Ethikunterrichts gerecht zu werden, die jungen Menschen in ihrer Demokratiefähigkeit zu stärken und auf ihrem Weg zum mündigen Staatsbürger bzw. zur mündigen Staatsbürgerin zu begleiten, packt sie die Lernenden direkt in ihre Lebenswelt und inkludiert grundlegende Fragen, mit denen sie sich auseinandersetzen müssen.

Schulart/-form: BBS/Berufliches Gymnasium	**Jahrgangsstufe 12**
Fach: Ethik	
Zu erreichende Kompetenzen laut Lehrplan: • Beziehung zu anderen Menschen als Grundkategorie menschlicher Existenz verstehen • Die Bereitschaft fördern, Verantwortung für Mitmenschen zu übernehmen • Demokratiebewusstsein fördern ➔ daraus abgeleitete philosophische Frage: (Wozu) Braucht der Mensch einen Staat? (Ministerium für Bildung Rheinland-Pfalz (1983), Unterrichtsfach Ethik)	

Besonderheiten bei der Planung: Erster HeLP-Plan des Kurses mit dem voraussichtlichen Bedürfnis nach viel Unterstützung und kleinschrittigem Vorgehen ➔ Wahl der HeLP-Vorlage mit erweiterter Spalte mit Methoden im Plan.
Reflexion bzgl. der Planung und der Kompetenzerreichung: Die Kompetenzförderung stellte sich nach Bearbeitung des ersten HeLP-Plans sehr individuell dar. Dies ist auf die unterschiedlichen Voraussetzungen und Bereitschaft zum selbstständigen Arbeiten und die Vorkenntnisse im Umgang mit digitalen Endgeräten zurückzuführen. Die Hilfestellung und Lernbegleitung durch die Lehrkraft wurde insbesondere zu Beginn der Arbeit mit dem HeLP-Plan von der Lerngruppe eingefordert. Dies wurde bei einzelnen Schüler/-innen im Laufe der Zeit weniger, jedoch benötigten manche eine intensivere Betreuung. Die Handlungsprodukte sind zu Beginn simpel gehalten und orientierten sich an den Vorschlägen im HeLP-Plan. Später trauten sich die Schüler/-innen, auch andere Handlungsprodukte zu testen.

WEBCODE

Den kompletten HeLP-Plan im Fach „Ethik" zum Thema „Staatsphilosophie" finden Sie hier als Webcode zum Download:

cornelsen.de/codes

Code: goxepi

7.2.5 HeLP-Plan zum Thema „Wahrnehmung verstehen und beeinflussen"

Die Kollegen Dr. Markus Greiner und Moritz Treiber, die die Leistungskurse Gesundheit an meiner Schule unterrichten, haben den ersten HeLP-Plan in der 12. Jahrgangsstufe für ihre Lerngruppe passend sehr kleinschrittig angelegt und als Einführung zunächst einmal nur eine Aufgabe vorgesehen. Auch geben sie hier Hinweise auf mögliche Handlungsprodukte (jeweils mit Link), die in den folgenden, umfangreicheren HeLP-Plänen immer weniger werden, da die digitale Kompetenz und die Methodenkompetenz der Lernenden im Laufe der Zeit wächst.

Schulart/-form: BBS/Berufliches Gymnasium	**Jahrgangsstufe 12**
Fach: Gesundheit (Leistungskurs)	
Zu erreichende Kompetenzen laut Lehrplan: Einflussfaktoren auf die Sinneswahrnehmung positiv verändern sowie Maßnahmen zur Gesundheitsförderung entwickeln (Ministerium für Bildung Rheinland-Pfalz 2012c, S. 14)	

Besonderheiten bei der Planung: Beide Leistungskurse arbeiten parallel an den HeLP-Plänen und können sich auch durchmischen. Für die Präsentationsphasen/Konsolidierungsphasen müssen demnach größere Räume eingeplant werden, da es sonst zu Schwierigkeiten kommen kann. Ein Teil der Lernenden hat bereits in anderen Fächern Erfahrungen mit HeLP gesammelt. Um allen gerecht zu werden, führen wir HeLP im Kurs mit nur einer Aufgabe ein. Der Umfang wächst dann nach und nach an.
Reflexion bzgl. der Planung und der Kompetenzerreichung: Die Kompetenzen wurden durch die unterschiedlichen Vorkenntnisse und die unterschiedliche Bereitschaft der Schülerinnen und Schüler zur selbstständigen Erarbeitung bei einem Teil unterschiedlich gut gefördert. Die Lernenden müssen sich z. T. noch an das selbstgesteuerte Lernen gewöhnen. Die Handlungsprodukte sind vielfältig (digital und analog).

WEBCODE

Den kompletten HeLP-Plan im Fach „Gesundheit" zum Thema „Wahrnehmung verstehen und beeinflussen" finden Sie hier als Webcode zum Download:

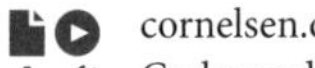

cornelsen.de/codes

Code: wadeye

7.2.6 HeLP-Plan zum Thema „Produktions- und Kostentheorie"

Die Kollegin Vanessa Musel hat eine klare berufliche Lernsituation geschaffen, um ihren Leistungskurs im Fach Betriebswirtschaftslehre an das erfahrungsgemäß recht theorielastige und eher alltagsferne Thema „Produktions- und Kostentheorie" heranzuführen. Mithilfe des HeLP-Konzepts können sich die Lernenden auf individuelle Weise dem Thema nähern und auch praxisbezogene Aspekte selbstständig erfassen. Sie hat weiterhin eigene, im Plan blau unterlegte, Übungsaufgaben hinzugefügt, die sie für ihre Lernenden und ihr Fach als wichtig erachtet.

Schulart/-form: BBS/Berufliches Gymnasium	**Jahrgangsstufe 12**
	Fach: BWL (Leistungskurs)
	Zu erreichende Kompetenzen laut Lehrplan: Den Verbrauch an Produktionsfaktoren bei industriellen Fertigungsverfahren feststellen und Produktionskosten berechnen (Ministerium für Bildung Rheinland-Pfalz, 2012b)

	Besonderheiten bei der Planung: Der Kurs arbeitete zum ersten Mal mit einem HeLP-Plan und war das selbstständige Erarbeiten neuer Lerninhalte bislang nicht gewohnt. Somit wurden zunächst verschiedene Möglichkeiten zur Umsetzung von Handlungsprodukten gemeinsam gesammelt und besprochen. Das Kompetenzraster wurde besprochen und diente als roter Faden. Die Lernenden äußerten sich auch aufgrund der Lernsituation als stets orientiert.
	Reflexion bzgl. der Planung und der Kompetenzerreichung: Nach der ersten Arbeitsphase fand eine ausführliche Besprechungsphase anhand der erarbeiteten Ergebnisse statt. Aus diesen wurden gemeinsam Musterlösungen entwickelt und zur Verfügung gestellt. Einige Lernende haben bereits nach kurzer Zeit positives Feedback zur selbstständigen Arbeitsweise gegeben, anderen ist die eigenverantwortliche Arbeitsweise eher schwergefallen. Insbesondere den Umgang mit digitalen Handlungsprodukten lehnten einige ab und zogen es stattdessen vor, ihre Ergebnisse handschriftlich auf Papier festzuhalten und Fotos ihrer Ergebnisse hochzuladen. Dies ist auf eine Unkenntnis digitaler Handlungsprodukte zurückzuführen und wird sich im Laufe der Zeit geben. Einige erkannten bereits Vorteile hinsichtlich des Mehrwerts einer eigenständigen Erarbeitung. Vor allem die Nachhaltigkeit des Gelernten wurde als positiv empfunden. Dieses Jahr überwogen in der Lerngruppe händisch erstellte Handlungsprodukte, iPads wurden meist nur als Papierersatz genutzt, während im letzten Jahr bereits sehr kreative Handlungsprodukte erstellt wurden. Ich gehe davon aus, dass sich dies im Laufe des Jahres ändert, wenn die Lerngruppe vertrauter mit dem Umgang mit digitalen Endgeräten ist.

WEBCODE

Den kompletten HeLP-Plan zum Thema „Produktions- und Kostentheorie" finden Sie hier als Webcode zum Download:

 cornelsen.de/codes

 Code: xuzaga

Notengebung

Neben den üblichen schriftlichen Leistungsnachweisen in Form von Kursarbeiten, bzw. Schulaufgaben oder Klausuren bietet HeLP auch neue, prozessorientierte Möglichkeiten zur Notenbildung. Diese formative Art der Leistungsmessung hat im Gegensatz zur summativen, bei der das Ergebnis des Lehr-Lern-Abschnittes einer Ziffernote zugeordnet und abgeschlossen wurde, die Absicht, etwas über den aktuellen Lernstand des Schülers/der Schülerin zu erfahren und Hinweise zu bekommen, welche Kompetenzen bereits sicher erworben wurden, bzw. wo noch Lücken sind. Die Lehrkraft hat in der neuen didaktischen Ausrichtung viel mehr Freiräume, die einzelnen Lernenden zu beobachten und sowohl diagnostisch als auch beratend in ihrem individuellen Lernprozess zu unterstützen.

8.1 Bewertungsraster Prozessbeobachtung

Wir ergänzen unsere Notenfindung, die bis dato größtenteils produktorientiert war, um eine prozessorientierte Variante. Hierfür nutzen wir ein Bewertungsraster, das an das HeLP-Handlungskompetenzraster angelehnt ist.

Die leeren Felder, die bei den Schnittstellen jeweils entstehen, bieten den Lehrkräften Raum, Notizen zu machen, ggf. ein Beobachtungsdatum einzutragen und/oder eine einfache Markierung zu setzen.

BBS

HeLP-Prozessbeobachtungsraster

Prozess-beobachtung Name: …… Kurs/Klasse: …… Der Lernende/ die Lernende…	**Sehr gut** Eine Leistung, die den Anforderungen in besonderem Maße entspricht.	**Gut** Eine Leistung, die den Anforderungen voll entspricht.	**Befriedigend** Eine Leistung, die im Allgemeinen den Anforderungen entspricht.	**Ausreichend** Eine Leistung, die zwar Mängel aufweist, aber im Ganzen den Anforderungen noch entspricht.	**Mangelhaft** Eine Leistung, die den Anforderungen nicht entspricht, jedoch erkennen lässt, dass die notwendigen Grundkenntnisse vorhanden sind und die Mängel in absehbarer Zeit behoben werden könnten.	**Ungenügend** Eine Leistung, die den Anforderungen nicht entspricht und bei der selbst die Grundkenntnisse so lückenhaft sind, dass Mängel in absehbarer Zeit nicht behoben werden können.
Arbeitssystematik … trifft eigene Entscheidungen, die den Lernprozess entscheidend mitgestalten. … benötigt kaum Unterstützung durch die Lehrkraft. … hinterfragt eigene Ziele und Handlungen kritisch. … plant eigene Lernprozesse sicher unter Berücksichtigung individueller Ressourcen.	1					

Abb. Kurzübersicht Prozessbeobachtungsraster

Cornelsen/Heike Beardsley Logo: Berufsbildende Schule II Wirtschaft und Soziales – Kaiserslautern

Der/die Lernende…
Arbeitssystematik … trifft eigene Entscheidungen, die den Lernprozess entscheidend mitgestalten … benötigt kaum Unterstützung durch die Lehrkraft … hinterfragt eigene Ziele und Handlungen kritisch … plant eigene Lernprozesse sicher unter Berücksichtigung individueller Ressourcen

Abb. Arbeitssystematik

So konzentriert sich ein Teil der Prozessbeobachtung auf die Arbeitssystematik der Lernenden. Fähigkeiten und Fertigkeiten, die mit der Organisation von Lernprozessen zusammenhängen, stehen hierbei im Vordergrund. Ein (beliebig erweiterbares Feld) für weitere Kriterien bietet Raum für fachspezifische Kriterien.

Da das Zeitmanagement einen zentralen Stellenwert bei der Organisation des eigenen Lernprozesses einnimmt, widmen wir diesem eine eigene Spalte.

Zeitmanagement
… organisiert seinen Arbeitsprozess systematisch und arbeitet kontinuierlich und zielorientiert … setzt anspruchsvolle und erreichbare Ziele, die er/sie zeitlich einhalten und erreichen kann

Abb. Zeitmanagement

Da die Nutzung passender digitaler Medien und die Erstellung von aufgabenspezifischen Handlungsprodukten in der Arbeit mit HeLP äußerst bedeutsam ist, werden auch Kompetenzen zur Medienwahl in den Blick genommen.

Medienwahl
… nutzt digitale Werkzeuge situationsangemessen und setzt sie bedarfsgerecht ein … trifft aus einer Vielzahl an möglichen Handlungsprodukten ein auf ihn/sie abgestimmtes und zur Aufgabe passendes aus … reflektiert Medienerfahrung situations- und fachgerecht und gibt Medienerfahrung weiter Weitere Kriterien:

Abb. Medienwahl

NUR BEI Gruppenarbeit
... definiert fair und kollegial Ziele mit den anderen TM und setzt sich für die Zielerreichung ein

... hält Regeln und Absprachen ein

... übernimmt Verantwortung für Teamprozesse

Cornelsen/Heike Beardsley

Abb. Sozialform Gruppenarbeit

Eine frei wählbare Sozialform beim selbstgesteuerten Lernen bedeutet auch, dass Partner-/Gruppenarbeiten mit in den Blick genommen werden müssen.

Diese Fremdbeobachtung vonseiten der Lehrkraft findet eine Ergänzung in der Kurzreflexion der Lernenden (s. Kap. 3.1). Die gemeinsame Nutzung der Selbst- und Fremdwahrnehmung gewährleistet eine noch höhere Transparenz über den jeweiligen individuellen Lernprozess und ermöglicht somit ein noch genaueres Feedback zum Kompetenzstand des Lehrenden. In unserem Unterricht verlangen wir, dass die Kurzreflexion stets am Arbeitsplatz der Lernenden zu liegen hat, sodass die Lehrkraft jederzeit das Gespräch darüber suchen kann. Eine weitere Möglichkeit ist auch die Thematisierung der Kurzreflexionen im Plenum am Ende jeder Aufgabe. Jeder Kollege und jede Kollegin handhabt dies nach eigenem Ermessen.

WEBCODE
Ein Bewertungsraster zur Prozessbeobachtung finden Sie hier als Webcode zum Download:
cornelsen.de/codes
Code: gahuca

8.2 Bewertungsraster Aufgabenpräsentation

Die Erfahrung zeigt, dass Lernende gern ihre Handlungsprodukte vorzeigen und ihren Arbeitsprozess erklären. Dies bietet eine wunderbare Möglichkeit, eine weitere Note zu finden. Das Prinzip ist einfach: Die Schülerinnen und Schüler fordern für ein, ihrer Meinung nach gelungenes, Arbeitsprodukt, Feedback in Form einer Note ein. Dies fördert wiederum die kontinuierliche Reflexion des eigenen Arbeitsprozesses.

Die Aufgabenpräsentationen eignen sich als Einstieg in die gemeinsamen Konsolidierungsphasen. Verschiedene Handlungsprodukte werden gesichtet. Das Plenum gleicht das Ergebnis mit dem jeweils eigenen Produkt ab und hat somit die Möglichkeit, einerseits Ergänzungen am eigenen Ergebnis vorzunehmen bzw. fehlende Inhalte beim präsentierten Handlungsprodukt anzumerken. Selbstverständlich ist hier auch die Lehrkraft gefragt, sicherzustellen, dass die geforderten fachlichen Inhalte korrekt abgebildet sind.

Auch dieses Bewertungsraster orientiert sich am Handlungskompetenzraster und leere Felder bieten den Lehrkräften Raum, Notizen zu machen und/oder eine einfache Markierung im Notenraster zu setzen. Manche Lehrkräfte präferieren es, mehr Raum für Notizen zu haben und nutzen deshalb die Version ohne Notenspalten, was vollkommen in Ordnung ist.

BBS

HeLP-Aufgabenpräsentation

Aufgabenpräsentation Name des/der Lernenden: Der/die Lernende …	**Notizfeld der Lehrkraft**	**1**	**2**	**3**	**4**	**5**	**6**
Fachkompetenz … nutzt fachspezifische Sprache/Fachbegriffe. … durchdringt die Fachtheorie und kann fachbezogenes Wissen miteinander verknüpfen. … löst fachspezifische Aufgaben zielgerecht. … zeigt Sicherheit im Wissensstand und kann auf Rückfragen Antwort geben. *Weitere Kriterien:*							

Abb. Kurzübersicht Bewertungsraster Aufgabenpräsentation

WEBCODE

Zwei Bewertungsraster zur Aufgabenpräsentation finden Sie hier als Webcode zum Download:

Bewertungsraster zur Aufgabenpräsentation mit Notenspalten

cornelsen.de/codes
Code: quosuje

Bewertungsraster zur Aufgabenpräsentation ohne Notenspalten

cornelsen.de/codes
Code: dagofo

Der/die Lernende …
Fachkompetenz … nutzt fachspezifische Sprache/Fachbegriffe … durchdringt die Fachtheorie und kann fachbezogenes Wissen miteinander verknüpfen … löst fachspezifische Aufgaben zielgerecht … zeigt Sicherheit im Wissensstand und kann auf Rückfragen Antwort geben *Weitere Kriterien:*

Abb. Fachkompetenz

Die erste Kategorie der horizontalen Spalten bezieht sich hierbei auf die Fachkompetenz. Sie ist möglichst fachunabhängig formuliert und beinhaltet einen Bereich für weitere fachspezifische Kriterien. So würden in einem Sprachfach mit Sicherheit die sprachlichen Fähigkeiten eine größere Gewichtung bekommen, die dann ergänzt werden können.

Medienwahl … nutzt digitale Werkzeuge situationsangemessen und setzt sie bedarfsgerecht ein … trifft aus einer Vielzahl an möglichen Handlungsprodukten ein auf ihn/sie abgestimmtes und zur Aufgabe passendes aus … reflektiert Medienerfahrung situations- und fachgerecht und gibt Medienerfahrung weiter Weitere Kriterien:

Abb. Aufgabenpräsentation/Medienwahl

Auch die Medienwahl wird wieder in den Fokus gerückt. Hierbei spielt auch die Reflexion der Medienerfahrung eine große Rolle, da diese ausdrücklich die Methodenkompetenzen und die digitalen Kompetenzen der Lernenden schult. Die Schülerinnen und Schüler schaffen es auf eine besondere Art und Weise, die Neugier ihrer Mitlernenden für neue Methoden zu entfachen. Sie erklären sich gegenseitig, warum sie sich für das besagte Handlungsprodukt entschieden haben und gehen auf Vorteile und Stolpersteine im Arbeitsprozess ein.

Wir konnten sehr häufig beobachten, dass gerade dies die anderen Lernenden motiviert, sich mit der neuen Methode bei der nächsten passenden Aufgabe auseinanderzusetzen. Diese Reflexion sollte somit aufgrund ihrer Wertigkeit unbedingt erfolgen. Wenn der/die Lernende dies nicht von sich aus initiiert, sollte die Lehrkraft zwingend nachfragen.

NUR BEI PA/GA

... Partner/Gruppenmitglieder teilen die Aufgabenpräsentation gleichmäßig untereinander auf

... stimmen sich aufeinander ab

... übernehmen gegenseitig Verantwortung für Teamprozesse

... reflektieren die Wahl der Sozialform in Abhängigkeit zur Komplexität der Aufgabe

Abb. Partner-/Gruppenarbeiten im Bewertungsraster für Aufgabenpräsentation

Auch beim Bewertungsraster für Aufgabenpräsentationen gibt es eine Spalte für Partner- bzw. Gruppenarbeiten. Die Lernenden wissen, dass ihre Entscheidung, eine Partner- bzw. Gruppenarbeit zu wählen, reflektiert werden muss. D. h. dass die Sinnhaftigkeit, eine kürzere, wenig komplexe Aufgaben mit beispielsweise vier Mitlernenden anzugehen, hinterfragt würde. Deshalb ergibt sich erfahrungsgemäß auch kein Problem mit kurzen Themen und zu großen Gruppen.

8.3 Bewertungsraster Handlungsprodukte

Für die Bewertung von Handlungsprodukten gibt es ein sehr allgemein formuliertes Bewertungsraster. Dieses ist den Lernenden, wie alle anderen Bewertungsraster auch, immer präsent und ermöglicht somit eine größtmögliche Transparenz. Wir haben beispielsweise sämtliche Bewertungsraster in einem eigenen digitalen Ordner abgelegt, den wir den Lernenden zugänglich machen.

Dieses Bewertungsraster beinhaltet sehr allgemein die Anforderungen an die Aufgabenerfüllung und wird ergänzt durch die Wahl eines passenden Handlungsprodukts. Man kann in diesem Raster gut mit dem Hervorheben von zutreffenden Inhalten arbeiten und ergänzende Kommentare in der jeweils angrenzenden leeren Spalte festhalten. Bislang haben sich die Lernenden in ihren Rückmeldungen über alle in diesem Buch präsentierten Bewertungsraster zufrieden und jederzeit informiert gezeigt. Das Raster muss allerdings auch zur Lehrperson passen, weshalb Sie selbstverständlich auch eigene bei der Arbeit mit HeLP anwenden können und sollten.

HELP-Handlungsproduktbewertung

HeLP:	Name d. Lernenden:

Sehr gut	... bearbeitet alle Teilbereiche der Aufgabe gemäß den Operatoren in einer sehr ausführlichen und detaillierten Darstellung. ... beachtet den thematischen Kontext (roter Faden, Aufgabe zusammenhängend bearbeiten). ... zieht tiefgehende und reflektierte Rückschlüsse bezüglich der Lernaufgabe. ... erstellt ein Handlungsprodukt, das hinsichtlich der Aufgabenstellung und der individuellen Ressourcen durchweg passend ist und reflektiert dessen Nutzen auf eine sehr ausführliche und durchdachte Art und Weise.	1
Gut	... bearbeitet alle Teilbereiche der Aufgabe gemäß den Operatoren in einer ausführlichen Darstellung. ... bezieht den thematischen Kontext ein. ... formuliert ein ausführliches und logisch begründetes Fazit bezüglich der Lernaufgabe. ... erstellt ein Handlungsprodukt, das hinsichtlich der Aufgabenstellung und der individuellen Ressourcen größtenteils passend ist und reflektiert dessen Nutzen auf eine sehr ausführliche Art und Weise.	
Befriedigend	... bearbeitet alle Teilbereiche der Aufgabe gemäß den Operatoren. ... stellt Bezug zum thematischen Kontext her. ... formuliert ein logisch begründetes Fazit bezüglich der Lernaufgabe. ... erstellt ein Handlungsprodukt, das hinsichtlich der Aufgabenstellung und der individuellen Ressourcen passend ist und reflektiert dessen Nutzen auf eine angemessene Art und Weise.	
Ausreichend	... bearbeitet alle Teilbereiche der Aufgabe gemäß den Operatoren. ... stellt ansatzweise Bezug zum thematischen Kontext her. ... formuliert ein knappes, begründetes Fazit bezüglich der Lernaufgabe. ... erstellt ein Handlungsprodukt, das hinsichtlich der Aufgabenstellung und der individuellen Ressourcen stellenweise passend ist und reflektiert dessen Nutzen ansatzweise.	
Mangelhaft	... bearbeitet Teile der Aufgabe gemäß den Operatoren. ... erstellt ein Handlungsprodukt, das hinsichtlich der Aufgabenstellung und der individuellen Ressourcen größtenteils nicht passend ist und reflektiert dessen Nutzen kaum.	
Ungenügend	... bearbeitet die Aufgabe nicht. ... kopiert Texte/Textstellen aus dem Internet ohne diese als Zitate zu kennzeichnen (Plagiat). ... erstellt ein Handlungsprodukt, das hinsichtlich der Aufgabenstellung und der individuellen Ressourcen unpassend ist.	

Anmerkungen zur Orthografie, Sauberkeit, Organisation:

Endnote:

[1] Kommentarfeld Lehrkraft (Kommentieren, Ankreuzen etc.)

Abb. Bewertungsraster Handlungsprodukte

Da viele Handlungsprodukte sehr besonders in ihrer Anwendung sind, kann es sich als Schule empfehlen, nach und nach spezielle Bewertungskriterien für diese zu formulieren. An der BBS II Wirtschaft und Soziales hat sich ein Team aus engagierten Lehrkräften zusammengefunden, das zu allen denkbaren Methoden und Handlungsprodukten Anleitungen erstellt, die jeweils auch spezifische Bewertungsraster enthalten. Dies kann gut nach und nach erfolgen und auch unter Miteinbezug der Lerngruppe erfolgen. Bei der Sichtung einer neuen Methode oder Handlungsprodukts kann man beispielsweise die Lernenden selbst fragen, worauf man ihrer Meinung nach bei der Erstellung besonders achten muss und die Ergebnisse anschließend gemeinsam festhalten. Dies trägt wiederum zur Schulung der Methodenkompetenzen bei.

WEBCODE

Ein Bewertungsraster für Handlungsprodukte finden Sie hier als Webcode zum Download:

cornelsen.de/codes
Code: nizizi

Fazit

9

Hält HeLP, was es verspricht? – Wenn man HeLP an seine jeweilige Lerngruppe anpasst, bei der Einführung auf zunächst kleinschrittige Lernprozesse Rücksicht nimmt, dann können wir aus jahrelanger Erfahrung die Frage mit einem klaren Ja beantworten.

Seit dem ersten Einsatz von HeLP im Jahr 2016 fanden, wie in meiner Einleitung bereits dargestellt, kontinuierliche Evaluationen statt, die halfen, den weiteren Einsatz zu optimieren.

Die Ergebnisse der letzten Jahre lassen deutlich erkennen, dass die von den Lernenden erreichten Arbeitsresultate viel ausführlicher und detaillierter sind als die aus den vorangegangenen Jahren ohne selbstgesteuertes Lernen. Die Lernenden erreichen eine weitaus tiefere Auseinandersetzung mit der Materie und dementsprechend ein deutlich höheres Maß an Nachhaltigkeit. Auch fördert die reflektierte Auseinandersetzung mit dem Lerninhalt durch HeLP die gezielte Anwendung des Gelernten und verhindert ein reines Auswendiglernen.

In einer anonymen MS-Forms-Umfrage attestierten die **Lehrenden** HeLP eine besondere und wahrnehmbare „Aktivierung und Motivierung" (Nennungen aus Lehrkraft-Evaluationen 2016–2022) der Lerngruppe. Sie diagnostizierten eine „Stärkung der Eigenverantwortung", sowie eine „Steigerung der Selbstlernkompetenzen". Aber auch die „sozialen Kompetenzen der Lernenden" profitieren, laut HeLP-Kolleginnen und -Kollegen durch diese Art der Arbeit. Auch wenn die Arbeit mit HeLP zunächst ungewohnt erscheinen mag, wurde eine umfangreiche „Arbeitserleichterung" festgestellt. Dies begründeten die Lehrkräfte mit einer intuitiven und somit schnellen Aneignung des Konzepts selbst, der (möglichst) digitalen Arbeitsweise und somit verringerte Kopierzeit sowie einer schnellen Anpassung existierender HeLP-Pläne für neue Lerngruppen.

Die **Lernenden** selbst beobachteten bei der Arbeit mit HeLP einen deutlichen und wahrnehmbaren Zuwachs an eigenen Fähigkeiten im selbstgesteuerten Lernen. Selbst bei Lerngruppen in der gymnasialen Oberstufe, die ihre Vorerfahrungen mit selbstgesteuertem Lernen als kaum existent angaben, zeigte sich allein innerhalb eines Jahres ein signifikanter Zuwachs an den wahrgenommenen Selbstlernkompetenzen, wie Sie der folgenden Grafik einer anonymen MS-Forms-Umfrage entnehmen können.

Auf einer Skala von 0 bis 10, wie stark schätzt du deine Fähigkeiten im selbstgesteuerten Lernen ein?

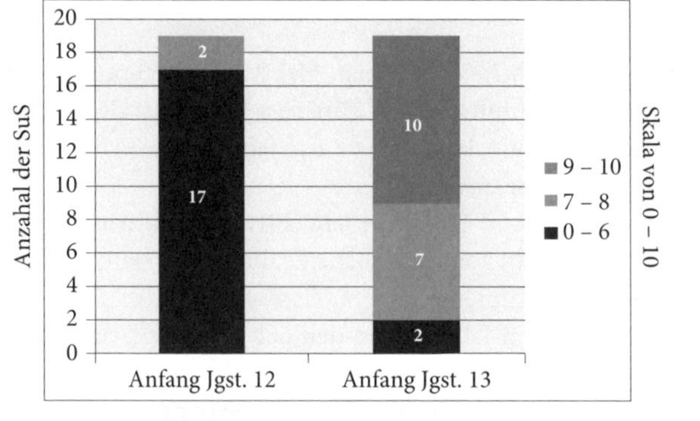

Abb. Selbsteinschätzung der Schüler/-innen vor und nach der Einführung des HeLP-Konzepts

Wenn man bedenkt, dass wir die Lernenden in die Arbeitswelt bzw. an die Hochschulen und Universitäten entlassen, ist dies eine beachtliche und äußerst begrüßenswerte Steigerung. Als Gründe für diesen wahrgenommenen Zuwachs gaben die Lernenden u. a. an, dass sie sich als kompetenter in der Mitbestimmung der Verwendung möglicher Ressourcen wahrnehmen. Aber auch die starke individuelle Auseinandersetzung mit den Themen, das Sich-Ausprobieren-Können, sowie der bestandene Härtetest während des „Homeschoolings" aufgrund von Corona wurden vielfach benannt. Besonders schön ist auch, dass die Lernenden oftmals stolz auf ihre erstellten Produkte sind. Dieses Gefühl, auf die eigene Leistung stolz sein zu können, stellt sich hier auf eine besondere Art und Weise ein und kommt in dieser Form beispielsweise beim Abschreiben einer Tafelanschrift nicht auf. Diese Gefühlsbindung an das eigene Arbeitsprodukt bewirkt u.a. auch, den nachhaltigeren Lerneffekt und die Nutzbarkeit des Lernertrags, den die Lernen HeLP attestieren.

Sie machen dies an deutlich verminderten Lernzeiten vor der Abiturprüfung trotz sehr komplexer Lerninhalte fest. Aber auch ein durchgängiges Gefühl von Sicherheit vor Prüfungssituationen wird benannt, da sie die Themen stärker durchdrungen und verstanden hatten und somit weniger Sorge haben, was das Wiedergeben der Lerninhalte anbetrifft. Selbst E-Mails von mittlerweile studierenden ehemaligen Lernenden haben uns erreicht, in denen sie sich bedanken, dass wir sie durch die Arbeit mit HeLP angemessen auf ihr Studium vorbereitet haben. Diese Ergebnisse bestätigen uns darin, mit HeLP auf dem richtigen Weg zu sein.

Natürlich gibt es auch den einen oder anderen Stolperstein auf dem Weg dahin. So zeigt es sich immer wieder, dass die Organisation für die Arbeit mit HeLP nicht immer einfach ist. V.a. fehlt stellenweise noch eine ausreichende Ausstattung der Schulen mit digitalen Medien. Hier ist die Politik gefordert. Aber mit ein wenig Kreativität kann man trotz widriger Bedingungen Möglichkeiten finden, die Lernenden bei ihren Lernprozessen zu begleiten.

Auch kann sich ein gewisser Widerstand innerhalb der Lerngruppe zeigen, die zum ersten Mal mit dieser Art zu arbeiten konfrontiert ist. Hierzu muss man ganz klar sagen, dass selbstgesteuertes Arbeiten in der Tat anstrengend und herausfordernd ist. Es macht den Lernenden deutlich mehr Mühe, sich Lerninhalte eigenständig zu erarbeiten, als sich vom Vortrag der Lehrkraft berieseln zu lassen. Man muss auch bedenken, dass diese Schüler und Schülerinnen oftmals ihr gesamtes Schulleben über keinerlei Erfahrungen mit selbstgesteuertem Lernen gemacht haben und ihnen somit diese Art zu arbeiten vollkommen fremd ist. Allerdings legt sich dieser Widerstand erfahrungsgemäß spätestens nach der ersten Leistungsfeststellung, da die Lernenden den positiven Effekt der Nachhaltigkeit der Arbeit mit HeLP zum ersten Mal erfahren. Auch die ungewohnte Entscheidungsfreiheit bei der Wahl des Handlungsprodukts oder der Sozialform hilft, die Motivation der Lernenden für diese Art der Arbeit zu erhöhen.

Abschließend möchten wir Ihnen ein „Trauen Sie sich!“ mit auf den Weg geben. Sie werden feststellen, dass sowohl Sie als auch ihre Lerngruppen von dieser Art zu arbeiten enorm profitieren werden. Und glauben Sie uns, es macht viel mehr Freude, unterschiedliche Lernprodukte zu sichten, als dreißig handgeschriebene Texte zu lesen. Sie werden schnell feststellen, dass der Fachinhalt, der trotz Unterschiedlichkeit der Gestaltung ja immer noch der gleiche ist, schnell zu erkennen und, wo nötig, einfach zu bewerten ist. Hierbei helfen Ihnen auch die vorgestellten Bewertungsraster. Durch die aktive Begleitung der Lernenden während deren Arbeitsprozessen werden Sie Ihre Schülerinnen und Schüler besser und v.a. auf eine andere Weise kennenlernen. Sie werden einen weitaus tieferen Einblick in deren individuelle Arbeitsweise bekommen und sie dadurch besser unterstützen können. Diese Neuausrichtung der Lehrkraftrolle fordert initial Mut. Man stellt jedoch rasch fest, wenn man die ersten Schritte auf diesem Weg gegangen ist, wie befriedigend diese Art zu arbeiten ist, da individuelle Lernfortschritte quasi hautnah miterlebt werden.

Wir konnten Ihnen leider nur eine Auswahl an HeLP-Plänen in diesem Buch vorstellen, hoffen jedoch, Sie damit für die Erstellung eigener Pläne in Ihren Fächern inspiriert zu haben. Ich würde mich sehr freuen, wenn Sie mir über meine Webseite Ihre HeLP-Pläne zukommen lassen, sodass ich diese ggf. dort veröffentlichen kann, damit noch mehr Fachkolleginnen und -kollegen Inspiration finden können.

Somit bleibt mir und meiner Schwester abschließend nur noch, Ihnen viel Spaß und viel Erfolg bei der Arbeit mit HeLP zu wünschen!

Übersicht über die Webcodes

Einführungsmodul:

HeLP-Einführungsmodul	Kap. 5.2

Vorlagen HeLP-Pläne:

HeLP-Vorlage ohne Methodenspalte	Kap. 2.1
HeLP-Vorlage mit Methodenspalte	Kap. 2.4

Kompetenzdiagnostik:

Kompetenzraster Handlungskompetenz	Kap. 3.2
HeLP-Kurzreflexion	Kap. 3.1

Bewertungsraster:

Bewertungsraster Prozessbeobachtung	Kap. 8.1
Bewertungsraster Aufgabenpräsentation mit Notenspalten	Kap. 8.2
Bewertungsraster Aufgabenpräsentation ohne Notenspalten	Kap. 8.2
Bewertungsraster Handlungsprodukt	Kap. 8.3

Beispiel-HeLP-Pläne:

Unter-/Mittelstufe

8. Klasse Geschichte, Bayern	Kap. 6.3.5
8. Klasse Geschichte, Absolutismus	Kap. 6.2
7. Klasse Geschichte, Dreißigjähriger Krieg	Kap. 6.3.6

Oberstufe

Pädagogik-LK, Elementarpädagogik	Kap. 7.2.1
Pädagogik-LK, Sozialisation	Kap. 7.2.2
Englisch-LK	Kap. 7.2.3
Ethik, Staatsphilosophie	Kap. 7.2.4
LK Gesundheit, Wahrnehmung verstehen und beeinflussen	Kap. 7.2.5
BWL, Produktions- und Kostentheorie	Kap. 7.2.6

Quellen- und Literaturverzeichnis

ARTELT, C., BAUMERT, J., JULIUS-MCELVANY N. & PESCHAR, J. (2003). Das Lernen lernen. Voraussetzungen für lebensbegleitendes Lernen. Ergebnisse von PISA 2000. Verfügbar über https://www.oecd.org/education/school/programmeforinternationalstudentassessmentpisa/33690500.pdf (07.12.2022)

BOSCH, J. (2015). Maßnahmen zur Verbesserung der Lernmotivation in der Schule. verfügbar über https://www.uni-potsdam.de/fileadmin/projects/inklusion/PDFs/ZEIF-Blog/Bosch_2015_Lernmotivation.pdf (07.12.2022)

GÖTZ, T., FRENZEL, A., & PEKRUN, R. (2007). Emotionen im Lern- und Leistungskontext. verfügbar über http://kops.uni-konstanz.de/bitstream/handle/123456789/13749/G%F6tz_etal_2007_Emotionen_im_Lern-_und_Leistungskontext.pdf?sequence=2, S.14 (06.11.2022)

Hessische Lehrkräfteakademie (2022). Materialien zum Praxisleitfaden. Verfügbar über https://medienkompetenz.bildung.hessen.de/medienkompetenz/6-analysieren-reflektieren/ (07.12.2022)

LANGE, HERMANN (2003). Schulaufsicht zwischen normativen Anforderungen und faktischen Wirkungsmöglichkeiten. – In: Füssel, Hans-Peter [Hrsg.]; Roeder, Peter M. [Hrsg.]: Recht – Erziehung- Staat. Zur Genese einer Problemkonstellation und zur Programmatik ihrer zukünftigen Entwicklung. Weinheim: Beltz, S. 137–155 – URN: urn:nbn:de:0111-opus-39739 – DOI: 10.25656/01:3973

KLASSEN, S. (2005). Konstruktivismus „macht“ Schule. Verfügbar über http://geb.uni-giessen.de/geb/volltexte/2008/5649/pdf/KlassenSusanne-2006-02-02.pdf, S.151 (07.12.2022)

Kultusministerkonferenz (2017): Strategie der Kultusministerkonferenz „Bildung in der digitalen Welt“. Verfügbar über https://www.kmk.org/fileadmin/Dateien/pdf/PresseUndAktuelles/2017/Digitalstrategie_KMK_Weiterbildung.pdf (07.12.2022)

Ministerium für Bildung Rheinland-Pfalz (2012a). Lehrplan für das Berufliche Gymnasium. Unterrichtsfach Pädagogik. Verfügbar über https://berufsbildendeschule.bildung-rp.de/fileadmin/user_upload/bbs/berufsbildendeschule.bildung-rp.de/Lehrplaene/Dokumente/Lehrplan_2012/BG_Lehrplan_Komplett_Paedagogik.pdf (07.12.2022)

Ministerium für Bildung Rheinland-Pfalz (2012b). Lehrplan für das Berufliche Gymnasium. Unterrichtsfach Betriebswirtschaftslehre. Verfügbar über https://berufsbildendeschule.bildung-rp.de/fileadmin/user_upload/bbs berufsbildendeschule.bildung-rp.de/Lehrplaene/Dokumente/Lehrplan_2012/BG_Lehrplan_Komplett_BWL.pdf

Ministerium für Bildung Rheinland-Pfalz (2012c). Lehrplan für das Berufliche Gymnasium. Unterrichtsfach Gesundheit. Verfügbar über https://berufsbildendeschule.bildung-rp.de/fileadmin/user_upload /bbs/berufsbildendeschule.bildung-rp.de/Lehrplaene/Dokumente/ Lehrplan_2012 /BG_Lehrplan_Komplett_Gesundheit.pdf

Kultusministerkonferenz (2012d). Bildungsstandards im Fach Deutsch für die Allgemeine Hochschulreife. Verfügbar über https://www.kmk.org/fileadmin/veroeffentlichungen_beschluesse/2012/2012_10_18-Bildungsstandards-Deutsch-Abi.pdf (15.11.2022)

Ministerium für Bildung Rheinland-Pfalz (2014). Lehrplan für das Berufliche Gymnasium. Unterrichtsfach 1. Fremdsprache. Verfügbar über https://berufsbildendeschule.bildung-rp.de/fileadmin/user_upload/bbs/berufsbildendeschule.bildung-rp.de/Lehrplaene/Dokumente/ Lehrplan_2014/2015-01-08_LP_BG_1._Fremdsprache.pdf

Ministerium für Bildung Rheinland-Pfalz (1983). Unterrichtsfach Ethik. Verfügbar über https://ethik.bildung-rp.de/fileadmin/ user_upload/ethik.bildung-rp.de/Ethik_LP_SekII_1983__.pdf

Ministerium für Bildung Rheinland-Pfalz (2017). Orientierungsrahmen Schulqualität Rheinland-Pfalz. (12.11.2022)

Ministerium für Bildung Rheinland-Pfalz (2020). Schulgesetz. Verfügbar unter https://bm.rlp.de/fileadmin/bm/Publikationen_BM/Dateien_Publikationen/BM_Schulgesetz_2020_mit_Einlegeblatt.pdf (16.10.2022)

Roth, Gerhard (2004). Warum sind Lehren und Lernen so schwierig? – In: Zeitschrift für Pädagogik 50 (2004) 4, S. 496–506

Staatliches Studienseminar für das Lehramt an berufsbildenden Schulen Speyer/Kaiserslautern, RLP, 2018, Leitfaden Didaktische Abschnittsplanung

Staatsinstitut für Schulqualität und Bildungsforschung (ISB) (o. J.). *Lehrplan Plus Bayern*. Verfügbar über https://www.lehrplanplus.bayern.de. (07.12.2022)